智慧少年书系
ZHI HUI SHAO NIAN SHU XI

英国著名科学家、哲学家弗朗西斯·培根说："用伟人的事迹教育孩子，远胜于一切教育。"孩子天生就有上进心。模仿意识特别强，名人的品质、习惯与处世态度能激起孩子情感上的波澜，并使他们在行动上仿效，这对孩子的成长乃至一生的发展都将产生积极的影响。

学生一定要知道的80位名人

王星凡 ○ 主编

天津出版传媒集团

天津科学技术出版社

图书在版编目（CIP）数据

学生一定要知道的80位名人/王星凡主编.—天津：
天津科学技术出版社，2012.5（2021.6重印）
（智慧少年书系）
ISBN 978-7-5308-6947-5

Ⅰ.①学… Ⅱ.①王… Ⅲ.①名人—生平事迹—世界
—青年读物②名人—生平事迹—世界—少年读物
Ⅳ.①K811-49

中国版本图书馆CIP数据核字（2012）第085331号

智慧少年书系——学生一定要知道的80位名人
ZHIHUI SHAONIAN SHUXI——XUESHENG YI DINGYAO ZHIDAO DE 80 WEI MINGREN

责任编辑：杜宇琪

责任印制：刘 彤

出　　版：	天津出版传媒集团
	天津科学技术出版社
地　　址：	天津市西康路35号
邮　　编：	300051
电　　话：	（022）23332399
网　　址：	www.tjkjcbs.com.cn
发　　行：	新华书店经销
印　　刷：	永清县晔盛亚胶印有限公司

开本 690×940 1/16 印张 10.5 字数 210 000
2021年6月第1版第5次印刷
定价：37.00元

榜样的力量

在烟波浩渺的人类历史长河中,有一些人总能吸引世人的目光,使人久久都不愿转移视线。他们是人类的精英,是人民的楷模,是我们学习的榜样。

每一个孩子都有一颗纯真的心,每一个孩子对新生事物都怀有十二分的好奇,因此,早早地在孩子稚嫩的心里播下勇敢、正直、积极、乐观、爱国的种子,将带给孩子一生的财富。

本书无疑是最好的种子。书中所收录的80位名人,是经过许多专家审评后向孩子一致推荐的。与其他书相比,本书最大的特点在于避免用枯燥的文字进行长篇大论地说教,而是采用生动、活泼的手绘漫画,配以简洁易懂的文字,将这些名人栩栩如生地展现在孩子面前,让孩子易于接受,也易于学习。

哲人说,榜样的力量是无穷的,用榜样的事迹来教育孩子,远胜于一切教育。

编者

目 录

1	治水英雄大禹	2
2	齐国始祖姜尚	4
3	春秋五霸之一齐桓公	6
4	兵学奇才孙武	8
5	春秋"潮神"伍子胥	10
6	威震燕赵之猛将廉颇	12
7	身残智高的孙膑	14
8	勇刺秦王的荆轲	16
9	秦朝名将蒙恬	18
10	西楚霸王项羽	20
11	能屈能伸的大丈夫韩信	22
12	抗击匈奴的杰出将领卫青	24
13	汉代探险家张骞	26
14	尽忠守节的西汉大使苏武	28
15	投笔从军的外交家班超	30
16	鞠躬尽瘁的诸葛亮	32
17	关圣帝君关羽	34
18	一身是胆的赵云	36
19	三藏法师玄奘	38
20	吐蕃王朝的缔造者松赞干布	40
21	面涅将军狄青	42
22	一代天骄成吉思汗	44
23	爱国诗人文天祥	46

24	明朝航海家郑和	48
25	抗倭英雄戚继光	50
26	民族英雄郑成功	52
27	"明朝第一将军"袁崇焕	54
28	清代"第一帝"努尔哈赤	56
29	虎门勇将关天培	58
30	禁烟英雄林则徐	60
31	收复新疆的晚清重臣左宗棠	62
32	晚清抗法老将冯子材	64
33	近代第一位海军司令丁汝昌	66
34	台湾首任巡抚刘铭传	68
35	抗日英烈邓世昌	70
36	晚清海军名将刘步蟾	72
37	杰出的爱国工程师詹天佑	74
38	舍身变法的谭嗣同	76
39	民主主义革命家徐锡麟	78
40	爱国华侨陈嘉庚	80
41	文武全才黄兴	82
42	巾帼英雄秋瑾	84
43	"为宪法流血第一人"宋教仁	86
44	护国运动主将蔡锷	88
45	传奇将军冯玉祥	90
46	《革命军》的创作者邹容	92
47	抗日名将方振武	94
48	打响抗日第一枪的爱国将领马占山	96
49	"炸弹大王"喻培伦	98
50	"为天下人谋永福"的林觉民	100
51	中国共产主义运动的先驱李大钊	102

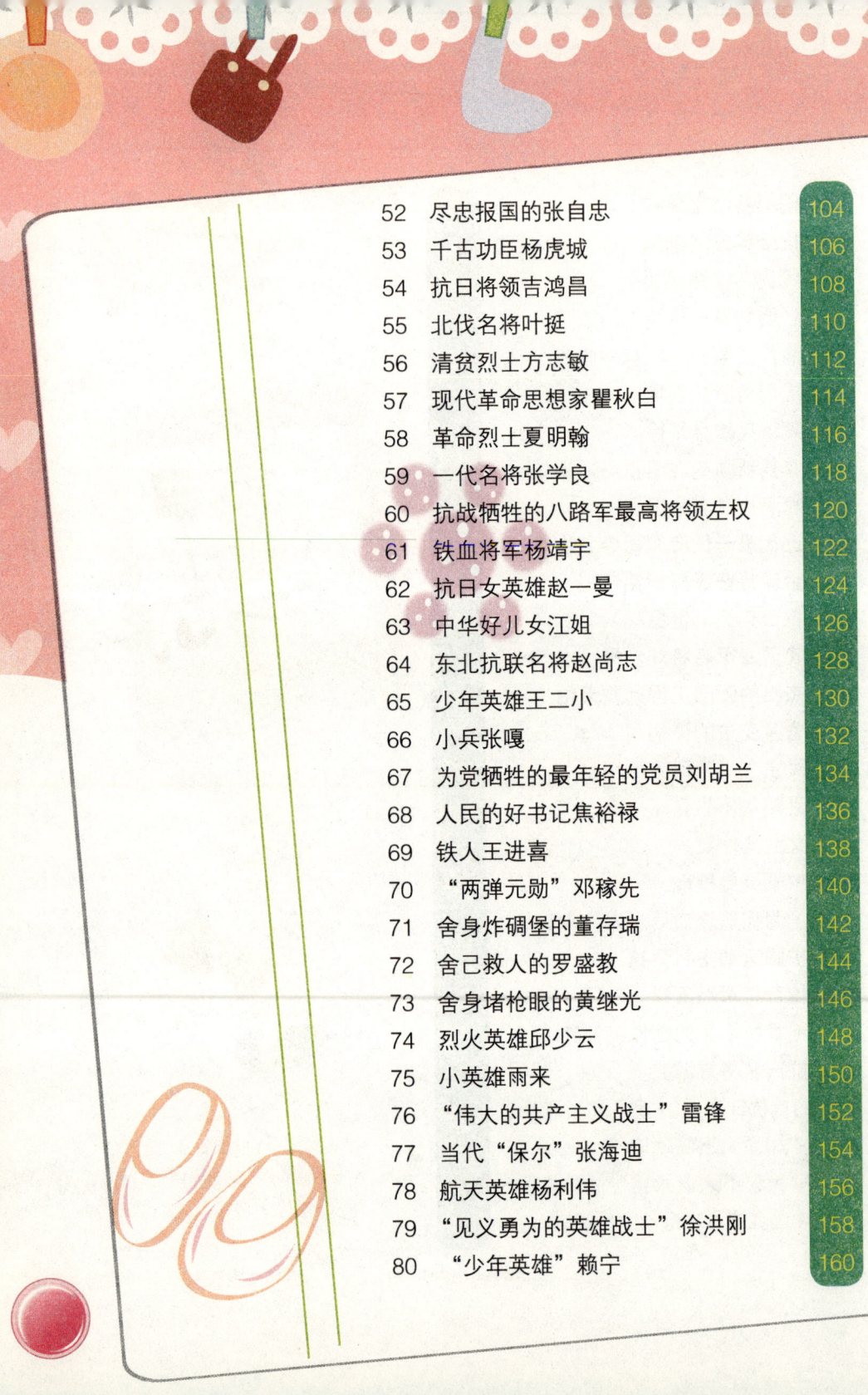

52	尽忠报国的张自忠	104
53	千古功臣杨虎城	106
54	抗日将领吉鸿昌	108
55	北伐名将叶挺	110
56	清贫烈士方志敏	112
57	现代革命思想家瞿秋白	114
58	革命烈士夏明翰	116
59	一代名将张学良	118
60	抗战牺牲的八路军最高将领左权	120
61	铁血将军杨靖宇	122
62	抗日女英雄赵一曼	124
63	中华好儿女江姐	126
64	东北抗联名将赵尚志	128
65	少年英雄王二小	130
66	小兵张嘎	132
67	为党牺牲的最年轻的党员刘胡兰	134
68	人民的好书记焦裕禄	136
69	铁人王进喜	138
70	"两弹元勋"邓稼先	140
71	舍身炸碉堡的董存瑞	142
72	舍己救人的罗盛教	144
73	舍身堵枪眼的黄继光	146
74	烈火英雄邱少云	148
75	小英雄雨来	150
76	"伟大的共产主义战士"雷锋	152
77	当代"保尔"张海迪	154
78	航天英雄杨利伟	156
79	"见义勇为的英雄战士"徐洪刚	158
80	"少年英雄"赖宁	160

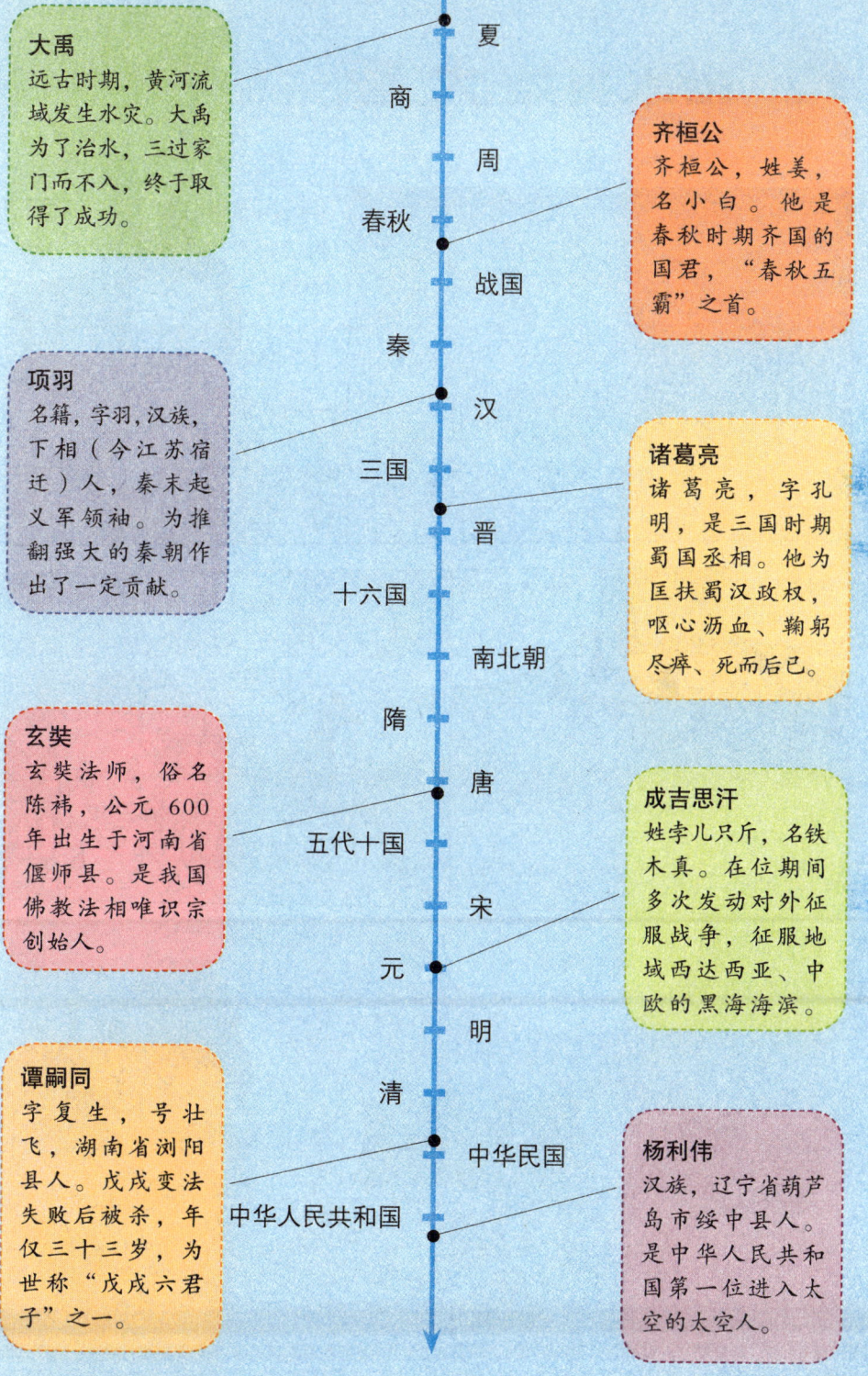

 # 治水英雄大禹

学生一定要知道的80位名人

阅读名人

远古时期，黄河流域发生了一次特别大的水灾，淹死了许多人。舜帝派鲧去治水，鲧采用堵的方法，结果造成了更大的水患。舜帝很生气，就把鲧杀了，让鲧的儿子禹继续治水。

大禹吸取了父亲的教训，采取了疏导的方法。他率领老百姓疏通河道，把平地的积水引入江河，再引入海洋。

黄河中游有一座大山，叫龙门山。它堵塞了河水的去路，河道被挤得十分狭窄。大禹到了那里，观察好地形后，便带领人们开凿龙门山。他们把这座大山凿开了一个大口子，把水引向下游。

相传，大禹为了治水，在结婚后的第四天，就离开了家人，在治水期间曾三次途经家门都没有进去。有一次，他经过家门口听到儿子启的啼哭声，很高兴，但是也没有进去看一眼。

大禹三过家门而不入的事迹传遍了各地，人们听了非常感动，更增强了治水的信心。这样经过了十几年的努力，治水取得了成功，水患终于消除了。

人们很感激和爱戴禹，尊称他为"大禹"。

考考你

答案：1.B 2.C

1. 大禹采用什么方法治水？
 A. 用堵的方法　B. 用疏通的方法　C. 用其他的方法
2. 为什么大禹三过家门而不入？
 A. 因为大禹讨厌看见他的家人　　B. 因为大禹不想念家人
 C. 因为大禹立志要把水患治好后再回家

齐国始祖姜尚

学生一定要知道的80位名人

阅读名人

姜尚，字子牙，也称吕尚，俗称姜太公。

姜尚年轻时靠宰牛卖肉、做小生意谋生。虽然家境贫寒，但是他胸怀大志，勤苦学习，孜孜不倦地研究、探讨治国兴邦之道。

传说姜尚六十多岁时，在河边钓鱼，遇到了周文王。他随即向周文王提出，要治国兴邦，必须重视、发掘和使用人才，并因此受到周文王重视，被接到宫中辅佐周文王。

姜尚在辅佐周文王期间，制定了一系列政策。对内，把土地分给官吏，并让他们的子孙承袭，增强了周的经济基础；对外，实行争取邻国，逐步瓦解殷商王朝的盟邦的策略。这些政策为最后消灭殷商创造了条件。

周文王死后，武王继位，拜姜尚为国师。周武王听从姜尚的建议，把周国治理得越来越好，归附周国的人更多了。

公元前1062年，商朝发生内讧，周武王以"吊民伐罪"为由，联合各诸侯国，出兵进攻商都朝歌。他们与纣王的军队在牧野展开决战，结果纣王的军队纷纷倒戈。纣王战败，连夜仓皇逃走，在鹿台投火自焚。商朝灭亡，周朝正式建立。后来，姜太公因功被周武王封于齐，他也因此成为周代齐国的始祖。

姜尚是中国古代著名的军师型军事家，其军事才能在中国战争史上占有重要地位，对后世有着深远的影响。

答案：1.B 2.B

考考你

1. 姜子牙在什么时间被重用的？
   A. 二十岁的时候　　B. 六十多岁时　　C. 三十岁的时候
2. 姜子牙辅助周武王打败了哪个朝代？
   A. 夏朝　　　　　　B. 商朝　　　　　C. 秦朝

春秋五霸之一齐桓公

阅读名人

齐桓公,姓姜,名小白。他是齐襄公的弟弟,春秋初期齐国的国君,历史上有名的春秋五霸之一。

公元前685年,齐襄公死后,小白听从鲍叔牙的建议,抢了王位,做了齐国国君,称为齐桓公。

齐桓公任用管仲为相。他采纳管仲提出的先内后外,富国强兵,以实力争霸的策略,推行经济、政治、军事改革,增强了自己的实力,同时,他出兵侵占近邻小国,多次与诸侯会盟,用多种外交手段控制诸侯。

齐国强大起来之后,齐桓公打出"尊王攘夷"的旗号,于公元前663年率军大破山戎,解除了燕国的危难。此后他又出兵击败狄人,帮助卫国重建国都。后又与诸侯平定了王室内乱,并多次保护周王室不受侵扰。

公元前651年,齐桓公与周天子和其他诸侯在葵丘会盟,将霸业推向鼎盛,成为不可一世的中原霸主。

答案:1.C 2.B

考考你

1. 齐桓公听从谁的建议做了齐国国君?
   A. 田忌　　B. 姜子牙　　C. 鲍叔牙
2. 齐桓公打出什么旗号保护周王的?
   A. 清君侧　　B. 尊王攘夷　　C. 打倒周王

# 兵学奇才孙武

学生一定要知道的80位名人

阅读名人

孙武，字长卿，春秋时期齐国乐安人，伟大的军事家和军事理论家。

孙武的祖父和父亲都是善于带兵打仗的将领，他从小读了很多军事著作。

当时齐国内部矛盾重重，危机四伏，齐国王室内部的战争愈演愈烈。公元前517年，孙武逃离齐国，来到吴国，结识了伍子胥。在伍子胥的推荐下，吴王召见了孙武。孙武把自己写的13篇《孙子兵法》呈给吴王，吴王看后拍案叫绝，任命他做了将军。

公元前506年，孙武和伍子胥辅助吴王带兵攻打楚国，五战五胜，并且占领了楚国的都城，几乎灭掉楚国。

此后，孙武隐居，不知所终。

孙武所著的《孙子兵法》，是我国最早的兵书。该著作在军事理论方面达到了前无古人的高度，而且在军事哲学方面也堪称民族智慧的结晶，直到现在还被应用于各个领域。因此后人尊称他为"孙子"。

答案：1.C 2.B

考考你

1.《孙子兵法》是谁写的？
　A. 孙膑　　B. 孙中山　　C. 孙武
2.《孙子兵法》共有多少篇？
　A. 12　　　B. 13　　　　C. 33

 春秋"潮神" 伍子胥

阅读名人

伍子胥是春秋时期吴国的大夫，名员，字子胥。

伍子胥原本是楚国人，因遭人陷害，父亲与哥哥均被楚平王所杀。他只好逃亡到吴国，投靠吴国公子光。后来，伍子胥帮助公子光夺取了王位，人称吴王阖闾，他则被封为大夫，参与朝政。他在任期间，"立城郭，设守备，实仓廪，治兵库"，把国都苏州建设得非常好。

公元前512年起，伍子胥多次率领吴军攻打楚国和越国。公元前506年，伍子胥和孙武一起攻破楚国都城。

后来，伍子胥带领士兵大败越国与齐国，使吴国成为春秋时期的一方霸主。阖闾死后，吴王夫差即位。夫差任用善于逢迎的伯嚭为太宰，逐渐疏远了伍子胥。

吴国打败越国后，伯嚭受越国贿赂，主张与越王勾践讲和。伍子胥劝吴王拒绝越国的求和，但是吴王夫差不听劝告，并于公元前484年赐死伍子胥，还把他的尸体抛进江中。

但是，吴国百姓都很敬仰伍子胥，尊他为"潮神"，而且还建了伍子胥庙，以此来纪念他。

答案：1.C 2.C

考考你

1. 伍子胥为什么逃往吴国？
   A. 因为吴国的国王要重用他　　B. 因为吴国比较富裕
   C. 因为他们家受到楚王的迫害
2. 伍子胥是被谁赐死的？
   A. 吴王阖闾　　B. 越王勾践　　C. 吴王夫差

6 威震燕赵之猛将廉颇

阅读名人

廉颇是战国时期赵国杰出的军事将领。

战国后期,齐国与秦国为东西两大强国。秦国为了扩大势力,多次派兵攻打赵国,廉颇统领赵军屡次打败秦军。公元前258年,赵国联合其他国家共同讨伐齐国。廉颇率领赵军深入齐国境内,攻取阳晋。廉颇班师回朝,被封为上卿。秦国因为害怕廉颇,不敢再进攻赵国。

廉颇回朝后,居功自傲,对出身低微、位居己上的蔺相如很不服气,无礼以对。后来,廉颇知道蔺相如一心为公后,便向蔺相如负荆请罪。二人同心协力辅助赵国,使得其他国家在很长一段时间不敢来犯。

公元前278年至公元前276年间,廉颇先后带兵攻打齐国、魏国,战无不胜。

公元前260年,廉颇率领军队在长平和秦军对峙三年之久。秦国求战不成,便使用反间计。赵王中计,罢免了廉颇的军职,改用赵括为将。赵括只会纸上谈兵,结果赵军大败。公元前251年,燕国攻打赵国,赵王重新起用廉颇,廉颇率军击败燕军,因功被封为"信平君"。

赵襄王时,廉颇得不到重用,后投奔魏国,仍不受重用,最后抑郁而终。

考考你

答案:1.B 2.C

1. 廉颇为什么要负荆请罪?
   A. 因为蔺相如让他这么做
   B. 因为廉颇知道蔺相如一心为公
   C. 因为赵王逼他,他不敢不去

2. 赵王为什么罢免廉颇,用赵括为将军?
   A. 因为赵括很厉害　　B. 因为廉颇想投降
   C. 因为赵王中了敌人的反间计

7 身残智高的孙膑

学生一定要知道的80位名人

阅读名人

孙膑是战国时期齐国人,是历史上伟大的军事家。小时候,他家里生活很苦,后来拜鬼谷子为师,努力学习《孙子兵法》。

孙膑有一个师弟叫庞涓,他非常嫉妒孙膑的才能。当时庞涓很得魏王的赏识,被封为将军。他假意让孙膑跟他一起在魏国做官,背后却在魏惠王面前诬陷孙膑私通齐国。魏惠王十分恼怒,就把孙膑治了罪,在孙膑的脸上刺了字,还剐掉了他的两块膝盖骨。从此孙膑变成了残废,再也不能走路了。

后来,齐国使臣把孙膑救出来,带回了齐国。齐王对孙膑很赏识,任命他为大将。不久,庞涓带兵攻打韩国,韩国向齐国求救。齐王就派田忌、孙膑带兵去救韩国。孙膑定下策略,不去救韩,而直接去攻打魏国。

庞涓知道后急忙回国。这时候,齐军已经撤退了。孙膑设下计策,故意天天减少炉灶的数目,引诱庞涓追上来,并在马陵预先埋伏下一批弓箭手,吩咐他们等庞涓到了就一齐放箭。庞涓兵败,最后走投无路,只得拔剑自杀。

从此以后,孙膑的名气传遍了各诸侯国。他写的《孙膑兵法》也一直流传到了现在。

答案:1.B 2.C

考考你

1. 庞涓为什么要让孙膑和他一起在魏国做官?
   A. 因为庞涓喜欢孙膑
   B. 因为庞涓嫉妒孙膑的才能,想害孙膑
   C. 因为鬼谷子让庞涓照顾孙膑
2. 孙膑写了什么书?
   A.《孙子兵法》　　B.《春秋》　　C.《孙膑兵法》

勇刺秦王的荆轲

阅读名人

荆轲是战国时期卫国人，从小就力大无穷，是当时的第一剑术高手。

公元前230年，秦国灭掉了韩国。两年后，秦国攻占了赵国都城邯郸，进而向燕国进军。燕国太子丹十分着急，就找荆轲商议刺杀秦王。于是，荆轲就带着流亡在燕国的秦国将军樊於期的人头和燕国的地图去晋见秦王。

临行前，大家赶到易水河边为荆轲送行。太子丹送给他一把锋利的匕首，高渐离弹起了琴，唱道："风萧萧兮易水寒，壮士一去兮不复返。"

荆轲到咸阳后，受到秦王的接见。在秦国的朝堂上，荆轲捧着地图和装了樊於期头颅的木匣献给秦王。秦王打开木匣，看到了樊於期的头颅后很高兴，就命荆轲将地图拿来。

荆轲把地图慢慢打开，当地图全部打开时，事先卷在地图里的匕首露了出来。荆轲连忙抓起匕首，左手拉着秦王的袖子，右手将匕首刺向秦王的胸口。秦王惊呼"救命"挣断了衣袖，跑到柱子的后面。

这时，秦国的医官把手里的药袋向荆轲扔了过去。荆轲连忙躲闪，秦王趁机往前一步，拔出宝剑，砍断了荆轲的左腿，侍从的武士一拥而上，杀死了荆轲。

答案：1.C 2.C

考考你

1. 荆轲为什么要刺杀秦王？
   A. 因为荆轲想出名　　B. 因为荆轲想当皇帝
   C. 因为秦王出兵攻打燕国
2. 荆轲把匕首藏在哪里？
   A. 衣袖里　　B. 木匣里　　C. 地图里

秦朝名将蒙恬

阅读名人

蒙恬是秦朝人，他的祖父、父亲都是秦国大将。受家人影响，他从小就立志要成为将军。

公元前221年，他受到秦始皇的器重，被任命为将军。

秦始皇统一中国之后，蒙恬奉命率领30万军队北上反击匈奴，收复了河套以南的大片地区，并渡过黄河，夺取了高阙、阳山等地，摧毁了匈奴军队的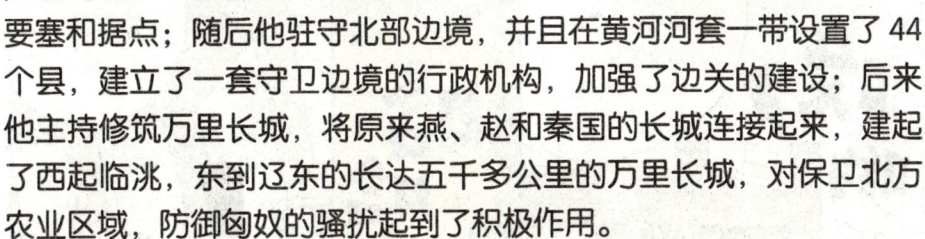要塞和据点；随后他驻守北部边境，并且在黄河河套一带设置了44个县，建立了一套守卫边境的行政机构，加强了边关的建设；后来他主持修筑万里长城，将原来燕、赵和秦国的长城连接起来，建起了西起临洮，东到辽东的长达五千多公里的万里长城，对保卫北方农业区域，防御匈奴的骚扰起到了积极作用。

公元前210年，秦始皇在出巡途中病死，赵高和李斯联合伪造假诏书，命蒙恬自尽。蒙恬走投无路，只好含恨服毒自尽。

相传我国的毛笔就是蒙恬发明的。

答案：1.C 2.C

考考你

1. 蒙恬是怎么死的？
   A. 在战场上，被匈奴打死了　　B. 病死了
   C. 赵高和李斯假传秦始皇的命令，让蒙恬自杀了
2. 下面哪些选项不是蒙恬的功劳？
   A. 收复河套以南的大片地区　　B. 主持修筑万里长城
   C. 统一度量衡

10 西楚霸王项羽

学生一定要知道的80位名人

阅读名人

项羽出生在秦朝末年，当时的皇帝很昏庸，贪官横行，民不聊生。

项羽小时候就志向远大，他对读书不感兴趣，而是立志学习兵法。

24岁时，项羽和叔父项梁在江南起兵反抗秦朝。相传，因为项羽能把一个4人都不能举起的大鼎轻松地举起来，大家都惊叹项羽的神勇，于是就跟他一起起兵抗秦。

项羽与秦军作战时屡战屡胜，取得了统帅诸侯的地位。在巨鹿，为了打败秦军，项羽带领全军渡过黄河。他吩咐将士各带上3天干粮，把做饭的锅都砸了，把船都凿沉了，营房帐篷都烧了，表示不打败秦军绝不回去。

他们以勇往直前的气势，大败20万秦军，这场战役成为中国古代战争史上一次以少胜多的著名战役。在这次战役中，秦军的主要力量被消灭。

后来，在汉楚争霸中，项羽在乌江被刘邦打败，自杀身亡。

答案：1.C 2.C

考考你

1. 为什么大家愿意和项羽一起起兵抗秦？
   A. 因为项羽学习兵法　　B. 因为皇帝昏庸
   C. 因为项羽能举起4人都举不起的大鼎，大家佩服他的神勇
2. 项羽在什么地方打败了秦军？
   A. 项城　　B. 咸阳　　C. 巨鹿

11 能屈能伸的大丈夫韩信

阅读名人

韩信是江苏人，刘邦的得力大将，西汉初年的著名军事家。他自幼熟读兵书，希望有一天能安邦定国。但是他家境贫寒，常常吃不饱。韩信小时候曾被流氓欺负过，忍受胯下之辱。

陈胜、吴广起义后，韩信投靠项梁，希望能有一番作为，但是没有受到重用。他又投奔刘邦，刚开始刘邦也看不起他，后来经萧何推荐，他才当上大将。

公元前202年春，韩信指挥汉军和项羽在垓下（今安徽省灵璧）展开决战。他的部队包围了楚军。夜里，韩信又让汉军在四面唱起楚歌，使楚军丧失斗志，最终打败了项羽的楚军。

韩信为汉王朝的创建作出了重要贡献，但是他一直被刘邦怀疑。汉朝成立以后，他一直未受重用。在这期间，他与张良一起整理了先秦以来的兵书，这是我国历史上第一次大规模的兵书整理，为我国军事学术研究奠定了科学的基础。

公元前196年，韩信被吕后骗到长乐宫，以谋反罪被杀。

答案：1.C 2.C

考考你

1. 为什么韩信投靠刘邦？
   A. 因为韩信喜欢刘邦　　B. 因为刘邦信任韩信
   C. 因为项梁不重用韩信
2. 韩信在垓下打败了谁？
   A. 刘邦　　B. 萧何　　C. 项羽

12 抗击匈奴的杰出将领 卫青

学生一定要知道的80位名人

阅读名人

卫青是西汉时期河东平阳人，从小生活很苦，但他志向远大，不畏生活艰难，努力学习兵法。

当时，汉朝对匈奴实行和亲政策，可是匈奴依旧经常侵犯汉朝边境。

公元前 127 年，匈奴侵犯西汉边境，杀死很多百姓。汉武帝派卫青率军抗击匈奴。卫青带领士兵采取避实击虚、迂回包抄的战略，一举收复了河朔等地。后来他又率 10 万骑兵击败了匈奴对河朔等地的反攻。不久，汉武帝派特使到边塞迎接卫青，在军中拜卫青为大将军。

公元前 119 年，卫青率军大破匈奴单于军队，把单于大军赶到赵信城（今蒙古杭爱山下）才退兵。从此以后，匈奴逐渐向西北迁徙，出现了"漠南无王庭"的局面，匈奴对西汉的军事威胁基本上解除了。

虽然战功显赫，权倾朝野，但卫青从不结党干预政事。他为人恭谨谦和，沉稳如山，对将士非常体恤，能与将士同甘苦，在将士中威信很高。

公元前 105 年，卫青因病去世，死后被葬在茂陵汉武帝的陵墓旁边。卫青作为一代名将，为民族统一与融合做出了很大的贡献。

答案：1.B 2.C

考考你

1. 卫青是什么时代的人？
   A. 东汉　　　　B. 西汉　　　　C. 唐朝
2. 卫青的贡献是什么？
   A. 镇压农民起义　　B. 抗击日本　　C. 抗击匈奴

13 汉代探险家张骞

学生一定要知道的80位名人

阅读名人

张骞是汉朝人，出生在汉中成固（今陕西城固）。

西汉初年，朝廷对匈奴实行和亲政策，但是匈奴还是经常侵犯汉朝的边境。汉武帝便派遣张骞出使西域，去联合匈奴西边的大月氏国共同抵抗匈奴。

张骞率领一百多人组成的使团走到河西走廊时，被众多匈奴兵包围，全部被俘。张骞不愿投降匈奴，被扣留了十几年。期间，匈奴为了消磨张骞的意志，给他娶了妻子，但张骞一直拿着汉朝的使节，不忘使命。

公元前129年，张骞趁匈奴监守不注意，带领部下逃了出来，一路跋涉到达大月氏国。但这时的大月氏人已无心抗击匈奴了。张骞在大月氏停留了一年多，见无法说服大月氏一起攻打匈奴，只好返回汉朝。在路上，张骞又被匈奴人抓住，一年后匈奴内乱，张骞乘机逃回汉朝。

公元前119年，张骞率领300人，带着数以万计的牛、羊、金帛出使乌孙（今伊犁河流域）。到乌孙以后，他又分别派副使出使大宛、康居、大夏等国，与中亚各国正式通好。公元前115年，张骞完成使命回国，被封为"博望侯"。

张骞出使西域，开辟了"丝绸之路"，为研究中亚历史积累了原始资料，葡萄、苜蓿、石榴、胡桃、胡麻等也被引入中国。所以，他对中国的贡献是巨大的。

答案：1.C 2.B

考考你

1. 是谁派遣张骞出使西域的？
   A. 汉文帝　　B. 汉昭帝　　C. 汉武帝
2. 张骞被匈奴抓住几次？
   A. 一次　　B. 两次　　C. 三次

尽忠守节的西汉大使苏武

学生一定要知道的80位名人

阅读名人

苏武,字子卿,西汉杜陵(今西安市东南)人。他出身将门,从小立志要为国家建功立业。

公元前100年,匈奴新单于即位,汉武帝为了表示友好,派遣苏武出使匈奴。苏武完成了出使任务,准备返回自己的国家时,匈奴上层发生了内乱,苏武一行受到牵连,被扣留下来。单于许诺给苏武丰厚的俸禄和高官,希望他投降,但苏武拒绝了。于是单于把苏武关入地窖,断绝食品和水。苏武在地窖里受尽了折磨,但仍然不肯投降。

单于很生气,但是又敬重苏武的气节,就把苏武流放到遥远的北海牧羊,并对苏武说:"当公羊生羊羔的时候,你就可以回中原去了。"

苏武拿着汉朝的使节棒在北海牧羊,这里人迹罕至,苏武就靠吃老鼠洞中的草籽和草根维持生命。就这样过了19年,苏武的头发胡子全白了,使节棒也磨光了。后来,新单于执行与汉朝和好的政策,苏武才得以回国。

公元前81年,苏武回到长安,拜见汉昭帝,交还了使节棒,被封为"关内侯"。

公元前60年,苏武病逝,享年80岁。

答案:1.C 2.C

考考你

1. 苏武出访的是哪个地方?
   A. 大月氏　　B. 蒙古　　C. 匈奴
2. 苏武在北海放了多长时间的羊?
   A. 5年　　B. 10年　　C. 19年

阅读名人

班超，字仲升，扶风平陵人（今陕西咸阳），是东汉著名的外交家和军事家。他的父亲、哥哥和妹妹都是史官。班超年轻的时候曾和哥哥一起编写《汉书》。当时匈奴不断地侵犯大汉边疆，班超立志效法张骞，建功西域，投笔从军。

公元73年，班超和窦固一起出击北匈奴，立功后奉命带领随从36人出使西域。班超一行到达鄯善（今新疆罗布泊西南）后，从鄯善王接待他们的态度上，知道匈奴的使臣也到了鄯善，他带领随从连夜杀死了匈奴的使臣，促使鄯善王归附汉朝。于是班超因功升为军司马。后来，他又收服了于阗（今新疆和田一带）。

公元76年，汉朝从西域撤兵，在众人的挽留下，班超留守疏勒。在东汉援军的支持下，他联合当地的力量，多次打退匈奴的进攻。从公元87年到公元94年，班超陆续平定了莎车、龟兹、焉耆等地贵族的叛乱，并击退了大月氏的入侵。

班超在西域活动达31年，保护了西域各族的安全，保证了"丝绸之路"的畅通，为促进中外文化的交流作出了重大贡献。

公元102年，班超回到洛阳，同年病逝，享年71岁。

答案：1.C 2.C

考考你

1. 班超出使西域带了多少个人？
   A. 一百多　　B. 一个　　C. 36个
2. 班超在西域待了多长时间？
   A. 10年　　B. 19年　　C. 31年

鞠躬尽瘁的诸葛亮

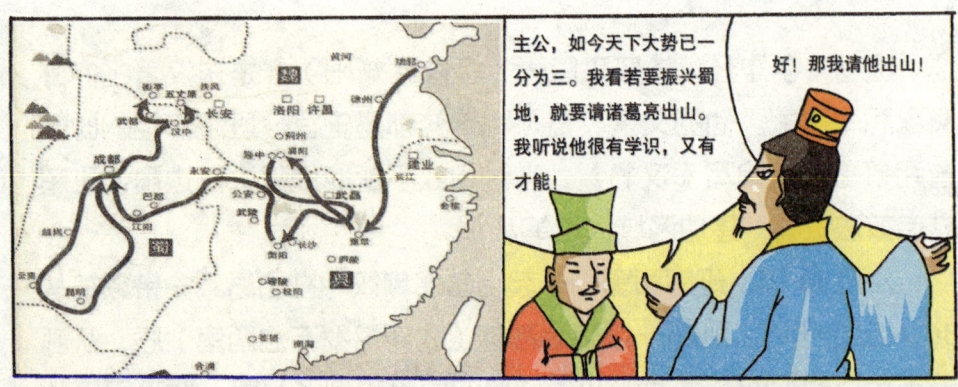

学生一定要知道的80位名人

阅读名人

诸葛亮，字孔明，山东省沂南县人，是三国时期蜀国丞相。他小时候父母双亡，跟着叔父在荆州躲避战乱，后来隐居南阳隆中，常自比管仲、乐毅，爱唱《梁父吟》。

公元207年，刘备三顾茅庐，请诸葛亮出山辅佐，诸葛亮立刻提出了著名的《隆中对》，即统一天下应走鼎足三分、联吴抗曹的道路，深得刘备的赞赏。公元208年，曹操率领30万大军南下荆州，诸葛亮出使东吴，舌战群儒，说服东吴与刘备联合抗击曹操，并且设计火烧赤壁，把曹操打得大败，奠定了三国鼎立的格局。

后来，刘备在四川称帝，诸葛亮出任丞相，管理国家大事。

公元223年春，刘禅继位，诸葛亮被封为武乡侯。他励精图治，赏罚分明，推行屯田政策，并改善了西南各族和蜀汉的关系。

公元227年3月，诸葛亮上《出师表》给刘禅，出师北伐，期望完成统一大业。他先后几次北伐中原，但都无功而返。

公元234年，诸葛亮第五次北伐期间突然得了急病，死在五丈原，享年54岁。

答案：1.B 2.B

考考你

1. 刘备去找诸葛亮几次，诸葛亮才与他相见？
   A. 一次　　　　B. 三次　　　　C. 二次
2. 公元207年，诸葛亮给刘备提出什么建议，深得刘备的赞赏？
   A.《梁父吟》　　B.《隆中对》　　C.《出师表》

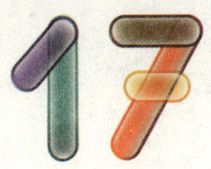
关圣帝君关羽

阅读名人

关羽，字云长，河东（今山西解县）人，三国时蜀汉名将。

公元184年，关羽和张飞、刘备在桃园结拜为兄弟，此后他便跟着刘备转战四方。

公元200年，曹操攻破徐州，关羽为保护刘备的妻子，被迫降曹。曹操爱惜人才，先后封他为偏将军、汉寿亭侯。但是关羽知道了刘备的下落后，马上挂印告辞离去。

关羽在汝南找到了刘备，又随刘备转战南北。公元208年，关羽联合张飞、赵云，收复了江南诸郡，并因功被封为"荡寇将军"。公元212年，刘备等人进入四川，留关羽坐镇荆州。

公元219年，刘备称汉中王，任命关羽为前将军。公元219年7月，关羽率军攻打曹仁，设计水淹曹魏七军，并且生擒了曹将于禁。曹操非常害怕，准备迁都以回避关羽。后来，吴军出兵配合曹军，前后夹击蜀军，这才打败蜀军。关羽在接近蜀国边境时，被吴军的一名小将马忠生擒。

关羽被擒后，坚决不投降，公元219年在东吴被杀。

关羽的一生，最重情义，被尊称为"关圣帝君"，现在全国各地的"关公庙"仍香火旺盛。

答案：1.B　2.A

考考你

1. 曹操封关羽为偏将军，关羽在知道刘备的下落后是怎么做的？
   A. 关羽在曹操手下做大官　　B. 关羽挂印告辞而去
   C. 关羽杀死曹操，投靠刘备去了
2. 大家为什么很尊重关羽？
   A. 因为关羽重情义　　B. 因为关羽武功高强
   C. 因为关羽的官很大

18 一身是胆的赵云

学生一定要知道的80位名人

阅读名人

赵云，字子龙，常山真定（今河北正定南）人，是三国时期蜀汉名将。

公元191年，赵云率领部下投靠了幽州的公孙瓒，但公孙瓒无德无才，胸无大志，赵云不甘心埋没一身的才华，便又投靠了刘备。

公元201年，赵云跟刘备一起夺取了荆州。公元208年，刘备在长坂（今湖北当阳境内）兵败，为救刘备的妻子和儿子脱险，赵云七进七出，杀得曹军闻风丧胆。

公元219年3月，曹操率军南进，想要夺回汉中。赵云派兵跟随黄忠夺取曹军军粮，过了约定的时间他们还没有回来，赵云就带领十几个士兵前去接应，结果遇上了曹操的大军。赵云急忙带人退回军营，偃旗息鼓，并且大开营门。曹军追上来的时候，以为赵云有埋伏，急忙退兵。赵云见状，命令士兵一起击战鼓，发射弓箭，曹军因此大败。

公元229年，赵云病死在军营中。因他很有计谋，作战勇猛，被刘备赞为"一身都是胆"。

考考你

答案：1.C 2.C

1. 赵云最初是谁的手下？
   A. 曹操　　B. 刘备　　C. 公孙瓒
2. 三国时期的将军中谁被称为"一身都是胆"？
   A. 张飞　　B. 马超　　C. 赵云

19 三藏法师玄奘

学生一定要知道的80位名人

阅读名人

玄奘法师，也就是小说《西游记》中唐僧的原型，俗名陈祎，公元600年出生于河南省偃师县。

小时候因家境困难，陈祎便跟着长捷法师住在洛阳净土寺，学习佛经。因为勤奋好学，他在13岁时，被破格允许出家，法名玄奘。公元627年，玄奘来到长安，先后跟从很多师父学习佛经。由于他学习刻苦，知识渊博，受到人们的称赞，誉满京师。玄奘觉得当时流行的有关法相的说法并不统一，因此他决心前往印度求法。

公元627年，玄奘孤身一人开始西行，经过两年的艰险旅程，终于到达印度。他拜在著名的那烂陀寺百岁高僧戒贤法师门下，刻苦参研佛法，数年间精通了经藏、律藏、论藏，他也因此被尊称为"三藏法师"。

公元636年，玄奘开始在印度遍访各地名师，足迹遍及印度半岛的东部和西部。玄奘在那烂陀寺给印度人讲解佛经，因学识渊博，受到当地人的尊敬。公元642年，玄奘谢绝印度民众的挽留，毅然回国。

公元645年，玄奘回到长安，结束了历时19年、跋涉五万余里的闻名世界的伟大旅程。

返回长安后，玄奘又用了19年的时间译出75部佛经，共1335卷。玄奘口述，由其弟子辩机执笔的《大唐西域记》，是研究印度半岛的宝贵资料。

答案：1.C 2.C

考考你

1. 玄奘为什么要去印度？
   A. 因为去印度很近
   B. 因为玄奘觉得自己在中国太没有名气
   C. 因为玄奘觉得当时流行的有关法相的说法不统一

2. 玄奘从去印度到回到长安，用了多长时间？
   A. 13年　　B. 6年　　C. 19年

学生一定要知道的80位名人

阅读名人

松赞干布，又名弃宗弄赞，是吐蕃王朝的缔造者。松赞干布这个名字的意思是深沉、宽厚、杰出、能干的男子，是西藏人民对他的尊称。

松赞干布出生于公元617年，他从小受到良好的家庭教育和严格的训练，成为武艺出众、善于吟诗的文武兼备的王子。

松赞干布13岁时继承王位，成为吐蕃第三十二代赞普。他沉稳果敢，以强硬手段应付叛乱，经过3年征战，终于稳定了局势，统一了吐蕃，建立了吐蕃第一个奴隶主政权。

统一吐蕃王朝之后，松赞干布向唐朝求亲，娶大唐的文成公主为妻，把藏族和汉族之间的友好关系推向高潮。公元632年，松赞干布带领大家渡过雅鲁藏布江，把都城迁到拉萨，建造了布达拉宫。

松赞干布在位期间，励精图治，制定一系列法律、职官、军事等制度；努力发展经济，统一度量衡；积极开创文化事业，创造文字，引进佛教，开始翻译佛经。

除致力于王朝内部建设外，他还积极发展对外关系，巩固新生的吐蕃政权。

公元650年，松赞干布34岁盛年时在拉萨去世。

答案：1.A 2.B

考考你

1. 吐蕃的第一个奴隶主政权是谁建立的？
   A. 松赞干布   B. 金轮法王   C. 额儿多尼
2. 下列哪一项不是松赞干布的功绩？
   A. 统一了吐蕃   B. 收复台湾
   C. 引进佛教，翻译佛经

21 面涅将军狄青

阅读名人

狄青，字汉臣，山西汾阳人，北宋名将。他从小便跟随父亲练武，19岁参军。

公元1038年，西夏不断骚扰宋朝边境，狄青奉命奔赴边疆。因他在战斗中英勇无畏，总是冲在最前面，很快升为延州指挥使。有一次他受伤后，披头散发，仍戴着铜面具继续战斗。西夏士兵一看，都很害怕，结果宋军大获全胜。此后狄青每逢上阵，都要换上这身打扮。

公元1041年，西夏又派兵攻打大宋，狄青乘对方不备，一举打败西夏。此后几年内，西夏没敢再犯大宋边境。

公元1052年，南方的广源州部族首领侬智高称帝，攻占广西、广东，杀死了很多宋人。宋朝朝廷很害怕，后来狄青主动请战，带领3万士兵前去迎敌。他利用元宵节假装让士兵休息10天，暗中亲自带兵袭击敌军，结果侬智高大败。此次出兵不仅收复了失地，而且歼敌万余人。狄青因功被封为枢密使。

狄青前后共参加了25次战斗，受过8次箭伤，却从未打过败仗。但是，他在担任枢密使后，却受到宋朝朝廷的猜忌，结果抑郁而死，享年48岁。

答案：1.C 2.C

考考你

1. 狄青第一次上战场是与哪个国家作战的？
   A. 匈奴　　B. 日本　　C. 西夏
2. 狄青是怎么死的？
   A. 在和西夏打仗时被打死的
   B. 在和侬智高打仗时被打死了
   C. 他担任枢密使后，受到朝廷的猜忌，抑郁而死

一代天骄成吉思汗

学生一定要知道的80位名人

阅读名人

1162年,成吉思汗出生于蒙古贵族世家,名铁木真,姓孛儿只斤,乞颜氏。他是蒙古开国君主,著名的军事统帅。少年时期的艰险经历,培养了铁木真坚毅勇敢的性格。

蒙古部主忽都剌汗死后,铁木真和蒙古部众一样大都在札木合控制之下,但是铁木真不甘心受人奴役,便招揽人马,最终脱离札木合,建立了自己的斡鲁朵部落。约在12世纪80年代,铁木真称"汗"。札木合率领札答阑、泰赤乌等十三部前来攻打,铁木真兵分十三翼迎战,因实力不敌而败退,史称"十三翼之战"。

1206年,铁木真在斡难河(今蒙古鄂嫩河)召开忽里台大会,登上蒙古国大汗位,号"成吉思汗"。邻近的吉利吉思、畏兀儿、哈剌鲁等部落分别在1207年、1209年、1211年归附成吉思汗。

新兴的蒙古贵族渴望占有大量财富。于是,成吉思汗相继大举入侵西夏,南下攻金,占领中都,攻占北京(在今内蒙古宁城西),灭掉西辽。

1227年7月12日,成吉思汗在西夏病逝,临终前提出了联宋灭金的战略。

答案:1.A 2.A

考考你

1.( )是蒙古开国君主。
   A. 铁木真   B. 也速该   C. 塔塔儿
2. 铁木真在( )即蒙古大汗位,号成吉思汗。
   A. 1206年   B. 1207年   C. 1209年

爱国诗人文天祥

阅读名人

文天祥,字天祥,号文山,江西吉安县人,是南宋杰出的爱国诗人。

公元1275年,元军大举进犯南宋。文天祥捐献出家里所有的钱充当军费,招募当地的年轻人,组成军队来到临安。第二年,太后任命文天祥为右丞相兼枢密使,派他同元军谈判,然而谈判未成,他却被元军扣留。

后来在别人的帮助下,他设法逃了出来,并参加了抵抗元朝的战争。不久他兵败被俘,被带到元大都。经过零丁洋时,他写了"人生自古谁无死,留取丹心照汗青"的著名诗句,以表明自己不屈服的志向。

南宋灭亡后,元朝派了很多人来劝说文天祥投降,甚至元朝的皇帝忽必烈也亲自出马劝降,并以让文天祥做宰相为条件,结果都遭到文天祥严词拒绝。

忽必烈只好问他:"那你究竟要什么呢?"文天祥回答说:"愿一死足矣!"文天祥这种以身殉国、视死如归的伟大精神使得敌人束手无策,一筹莫展。

1283年1月9日,文天祥在元大都英勇就义。

答案:1.C 2.C

考考你

1. 文天祥在经过零丁洋时写下了什么诗句?
   A. 举头望明月,低头思故乡
   B. 欲穷千里目,更上一层楼
   C. 人生自古谁无死,留取丹心照汗青

2. 元朝皇帝问文天祥想要什么时,文天祥是怎么回答的?
   A. 要大官　　B. 要金钱　　C. 要以身殉国

 明朝航海家郑和

阅读名人

郑和，本姓马，字三保，公元1371年生于云南。郑和的父亲与祖父都曾朝拜过伊斯兰教的圣地麦加，熟悉海外的情况。受父亲与祖父的影响，小时候的郑和就对外界充满了强烈的好奇心。

明朝统一云南后，11岁的郑和被明军俘虏，结果被阉割，做了宦官被分到北平，在燕王府服役。郑和从此追随燕王朱棣，并逐渐得到朱棣的信任。在4年之久的"靖难之役"中，郑和跟随朱棣出生入死，南征北战，参加了多次战斗，取得了许多战功，成为朱棣夺取政权即位称帝的主要功臣之一。朱棣登上皇位后，郑和被提升为内官监太监。1404年，朱棣为表彰郑和的功绩，赐他姓"郑"，从此更名郑和，史称"三宝太监"。

公元1405年至1433年，郑和先后率领庞大的船队七下西洋，经东南亚、印度洋远航亚非地区，最远到达红海和非洲东海岸，足迹遍及亚、非三十多个国家和地区。

郑和下西洋，比其他国家的环球航海早了近百年。

郑和的船队超过两百艘，其宝船的载重量达一千多吨，船队总人数达两万多人。

郑和在下西洋过程中打通并拓展了中国与亚、非三十多个国家和地区的海上交通，为世界航海事业的发展和各国人民的交流做出了不可磨灭的贡献。

答案：1.C 2.C

考考你

1. 明朝时期谁带领船队下西洋的？
   A. 郑成功　　B. 朱棣　　C. 郑和
2. 郑和带领船队最远到了哪里？
   A. 东南亚　　B. 印度　　C. 红海和非洲东海岸

25 抗倭英雄戚继光

阅读名人

戚继光是明朝著名的民族英雄，山东蓬莱人，将门之后。

戚继光25岁时负责山东全省沿海防御，并取得了令人瞩目的成绩。他挑选了2000人，亲自教他们使用各种武器。经过严格训练，这支新军的战斗力变得特别强，被人称为"戚家军"。

倭寇来侵犯时，戚继光率领"戚家军"在浙江沿海取得台州大捷。倭寇们心惊胆战，给戚继光取了个名字叫"戚老虎"。戚继光率"戚家军"乘胜追击，连续作战9次，共擒获倭寇五千多人。从此以后，倭寇只要听到戚继光统领的"戚家军"来了，就闻风丧胆，抱头鼠窜，横行几十年的倭寇基本被肃清了。

后来，戚继光被派往北部镇守边关。他在任期间把长城加高加厚，在重要的地方重修城墙，并在长城沿线创建了空心敌台，真正建起了一道牢不可破的坚固防线。

答案：1.A 2.A

考考你

1. 戚继光的历史功绩是什么？
   A. 抗击倭寇　　B. 抗击清军　　C. 写了许多诗篇
2. 为什么倭寇称呼戚继光为"戚老虎"？
   A. 戚继光英勇善战　　　　B. 戚继光长得像老虎
   C. 戚继光用老虎作战

# 民族英雄郑成功

阅读名人

郑成功，1624年出生于福建南安县石井村。他的父亲郑芝龙曾经组织向台湾移民，积极开发台湾岛。1645年，21岁的郑成功在福州受到明朝皇帝的召见，得到皇帝的赏识，赐他国姓（朱），并尊称他为"国姓爷"。

1646年秋，清兵进攻福建，郑芝龙率兵投降了清朝。郑成功反对父亲降清，就率领部下在广东南沃岛起兵，然后又占领厦门、金门两岛。他不断与清军展开战斗，很快控制了北至浙江舟山，南至广东潮惠的东南沿海地区。

郑成功在坚持抗清的同时，又和侵占我国领土台湾的荷兰殖民者展开长期的斗争。荷兰殖民者于1624年侵占了台湾后，对台湾人民进行残酷的剥削和压迫，并不断骚扰福建、广东沿海地区，激起中国人民的无比愤慨。

1661年4月，郑成功亲自率领120艘战舰和两万五千名将士，在金门料罗湾誓师东进收复台湾。经过激烈的海战，郑军击沉荷军主力舰"赫克托"号，收复了赤嵌楼。在近一年的战斗中，荷军伤亡近两千人，损失惨重。1662年2月1日，荷兰侵略军被迫投降，被侵占38年之久的台湾终于重归祖国怀抱。

郑成功于1662年因病逝世于台湾，时年39岁。

答案：1.B 2.C

考考你

1. 郑成功是哪个朝代的人？
   A. 明朝初期　　B. 明末清初　　C. 清朝末年
2. 郑成功收复的是哪个岛？
   A. 海南岛　　　B. 金门岛　　　C. 台湾岛

"明朝第一将军" 袁崇焕

阅读名人

袁崇焕是广东东莞人，字元素，明末大将。

公元1619年，袁崇焕考中进士，被任命为福建邵武知县，但他心系边疆，关心国家安危，毅然投笔从军。

公元1622年，他考察了山海关形势，返回京城后，向皇帝请命守卫辽东。在辽东主事期间，他修筑宁远城，使宁远成为关外军事重镇。公元1625年，辽东军事首领下令关外守军全部入关，袁崇焕主张坚守宁远，并亲自带兵督守。公元1626年，袁崇焕在宁远之战中采取坚壁清野的策略，指挥军民击败努尔哈赤所率后金军，取得宁远大捷。清太祖努尔哈赤死后，袁崇焕因功升为辽东巡抚。

公元1627年，在袁崇焕的指挥下，明军取得宁锦大捷，大败皇太极，袁崇焕被封为兵部尚书兼右副都御史，督师蓟辽。

公元1629年，皇太极率军避开宁远、山海关，绕道穿越长城，围攻北京。袁崇焕得知后，连夜赶到京城救援，并在广渠门外重创后金军。但崇祯皇帝后来中了后金的反间计，以袁崇焕"私通"后金军定罪，将其逮捕入狱。

公元1630年，袁崇焕被冤杀在北京，时年46岁。"杖策只因图雪耻，横戈原不为封侯"，是他忠心耿耿的写照。他被后代史学家誉为"明朝第一将军"。

答案：1.C 2.B

考考你

1. 袁崇焕为什么要参军？
   A. 他想做更大的官　　B. 他觉得边疆的风景好
   C. 他关心国家安危
2. 袁崇焕在宁远打败了谁？
   A. 皇太极　　B. 努尔哈赤　　C. 吴三桂

28 清代"第一帝"努尔哈赤

阅读名人

努尔哈赤,姓爱新觉罗,号淑勒贝勒,1559年出生在辽宁省新宾县的一个满族奴隶主家庭里。

努尔哈赤23岁起兵,开始了他的征战生涯。此后,他率领八旗子弟转战于白山黑水之间,历时三十多年,统一了女真各部,在战斗中缔造了一支战斗力极强的八旗军队。他利用八旗兵征服蒙古,制定满文,从而推动了满族的形成。

1616年,努尔哈赤58岁的时候,在兴京(今辽宁境内)建立了女真少数民族政权—大金,史称"后金",努尔哈赤成为"覆育列国英明汗",建元天命。

努尔哈赤兵势渐强,势力日增。1618年,努尔哈赤向明朝宣战。八旗兵挥师南下,短短八九年间,抚顺、清河、开原、铁岭、辽阳、沈阳、广宁等明朝的军事重镇都落入他们手中。努尔哈赤所向披靡,一路打到了山海关。

1626年,努尔哈赤在宁远城遭到袁崇焕的顽强抵抗,败退沈阳,忧郁而终。

在努尔哈赤死后10年,他创建的后金,改国号为"清"。因此,努尔哈赤是清朝的奠基人,是清代"第一帝"。

答案:1.C 2.C

考考你

1. 努尔哈赤建立的政权叫什么?
   A. 大清　　B. 女真　　C. 大金
2. 努尔哈赤的军队被谁打败了?
   A. 文天祥　　B. 李自成　　C. 袁崇焕

29 虎门勇将关天培

学生一定要知道的80位名人

阅读名人

关天培，字仲因，江苏山阳（今江苏淮安）人。1803年，关天培考中武秀才后，开始了他的戎马生涯。

1834年，关天培担任广东水师提督。1839年，他跟随林则徐查禁鸦片，并训练水师，加强海防，多次打败英国军队的进攻。

1841年2月，英军乘虚而入进攻虎门炮台，此时虎门炮台只有少数兵力防守，形势万分危急。关天培坐镇前线，得不到救援，只好拿出自己的钱补充军饷，鼓励将士们英勇杀敌，又将数颗脱落的牙齿和几件旧衣服寄给家人，决定与炮台共存亡。

2月26日，英军向虎门大举进攻，关天培指挥士兵顽强坚守。战斗从中午开始，一直持续到深夜，进行得异常激烈。最后因寡不敌众，守卫炮台的将士大半英勇牺牲，关天培也多处受伤，全身鲜血淋漓，但他仍亲手燃炮射击。士兵要将他背下阵地，他横刀阻止，坚持指挥，激励士兵奋力苦战。

最后，关天培中弹牺牲，守卫炮台的四百多名将士，也全部壮烈殉国。

答案：1.C 2.B

考考你

1. 关天培守卫的是什么地方？
   A. 台湾　　　　B. 吴淞口　　　　C. 虎门炮台
2. 关天培为什么要将脱落的牙齿和旧衣服寄回家？
   A. 因为他想让家里人穿这些衣服
   B. 因为他决定与炮台共存亡
   C. 因为他自己没地方放

30 禁烟英雄林则徐

学生一定要知道的80位名人

阅读名人

林则徐是清朝福州人，从小勤奋好学。嘉庆年间林则徐考中进士，开始做官。

当时，英国每年都向中国输入很多鸦片，导致国家白银外流，人民健康受到影响。1838年，林则徐任湖广总督时，下令禁止吸食鸦片，取得了成效。清政府封林则徐为钦差大臣，到广东禁烟。他到广东以后，查办鸦片走私商，收缴二百多万斤鸦片，在虎门当众销毁，成为中国禁烟第一人。他积极筹备海防，粉碎了英国侵略者的多次武装挑衅，表现了伟大的爱国主义精神。

鸦片战争开始后，皇帝很害怕，就把林则徐发配到新疆的伊犁。后来皇帝重新重用林则徐，但是林则徐却病逝在上任的途中。

林则徐在做官期间，整顿吏治、御敌外侵、兴修水利、赈灾救民，人称"林青天"。史学界也有人称他为近代中国"睁眼看世界的第一人"。

答案：1.A 2.C

考考你

1. 林则徐在广东什么地方销毁鸦片？
   A. 虎门　　B. 广州　　C. 北京
2. 谁是中国近代"睁眼看世界第一人"？
   A. 严复　　B. 梁启超　　C. 林则徐

31 收复新疆的晚清重臣左宗棠

学生一定要知道的80位名人

阅读名人

左宗棠，字季高，湖南湘阴人。

1831年，左宗棠考中举人，但后来三次会试都没有中进士。他心灰意冷，弃笔从军，开始潜心钻研兵法。战斗中，左宗棠屡战屡胜，被人称为"常胜将军"。

1875年，左宗棠奉命组建西征军，准备收复新疆。他命人抬着棺材，随军出征，以示其不收复新疆绝不生还的决心。将士们情绪高涨，表示誓死收回新疆。左宗棠为各军制定了"缓进急战、先南后北"的战略。1876年8月，西征军一举收复北疆重镇乌鲁木齐，平定了新疆北路。1877年，收复克达坂城、托克逊、吐鲁番、喀什、和田。1878年1月，西征军全部收复南疆，取得了西征大捷，从此脱离祖国十余年的新疆再度回到祖国怀抱。

同时，左宗棠不断与俄国交涉收回伊犁，后来，中俄两国签约，中国收回伊犁。

后人称赞："唐太宗以后，对于国家领土贡献最大的人物，当首推左宗棠！"

答案：1.B 2.B

考考你

1. 左宗棠被称作什么？
   A. 老佛爷　　B. 常胜将军　　C. 闯王
2. 左宗棠收复了什么地方？
   A. 台湾　　　B. 新疆　　　　C. 香港

阅读名人

冯子材,字南干,号萃亭,广东钦州(今属广西)人。很小的时候父母就去世了,为了生计他做过乞丐、雇工。

1850年,冯子材带领部下归顺清朝,因功被提升为总兵。1862年,冯子材升为广西提督,驻军镇江。1881年,六十多岁的冯子材退隐家中,但是中法战争爆发后,他立即参与督办广东高、雷、廉、琼等地的团练。

1884年8月,清政府对法宣战后,冯子材立即召集旧部,募集士兵,组成18个营,号"萃军",开赴广西前线。1885年2月,法军前锋进占镇南关(今友谊关),年近古稀的冯子材被前线将领推为主帅。夜里他带领士兵袭击法军,当法军攻入关内时,他又手拿长矛,带着自己的两个儿子同法军肉搏,士兵们士气大增,最终杀退了法军,取得镇南关大捷。随后,冯子材带领士兵乘胜追击,收复越南文渊、谅山,歼敌两千多人,并重伤法军第二旅指挥官尼格里,将法军赶到了越南郎甲的南边。这就是举世闻名的镇南关大捷。

1903年,七十多岁的冯子材奉命督办广西军务,在赴任途中病逝。

考考你

答案:1.B 2.C

1. 冯子材打败了哪国的军队?
   A. 英国　　　B. 法国　　　C. 日本
2. 冯子材取胜的战役是哪一次?
   A. 台儿庄大捷　　B. 黄海战役　　C. 镇南关大捷

阅读名人

丁汝昌，字禹廷，1836年出生于庐江（今安徽庐江县）的一个贫苦农民家庭。因家境贫寒，丁汝昌只读过三年私塾，10岁就开始做长工。

1854年，丁汝昌参加了太平军。1861年，他随所在部队投降清朝，编入李鸿章统率的淮军。

1874年，李鸿章筹办我国第一支海军舰队，丁汝昌受命到英国购买军舰。1879年，他被李鸿章调到北洋水师，负责监督操练。1888年，他担任北洋海军提督。1891年，丁汝昌率舰队访问日本，回国后，屡次建议购买军舰，扩充实力，但都没有被采纳。

1894年，甲午中日战争爆发，丁汝昌带领北洋海军诸将领察看被日舰击伤的"济远"舰，并改装了其他各舰的防护设施。1894年9月16日，他率舰队护送援军，在大东沟登陆，不料返航途中突遭日舰截击，黄海海战爆发。他指挥应战，重创日寇两舰。

1895年，在威海保卫战中，日本以海陆两军围攻威海卫，丁汝昌陷于绝境仍坚持抵抗，拒绝日本舰队司令的劝降，不惧美国人的要挟。最后，援兵无望，突围难成，丁汝昌于1895年2月11日服毒自尽。

考考你

答案：1.A 2.C

1. 我国第一支海军舰队的名字是什么？
   A. 北洋水师　　B. 黄海海军　　C. 皇家海军
2. 下列战役中哪一次丁汝昌没有参加过？
   A. 黄海海战　　B. 威海卫战役　　C. 百团大战

34 台湾首任巡抚刘铭传

阅读名人

刘铭传，字省三，号大潜山人，1836年9月7日出生于安徽合肥。刘铭传11岁时，父亲病故，他不得不退学，靠贩私盐养家糊口。

1854年，刘铭传在家乡组织团练。1862年，他率兵参加李鸿章的淮军，号称"铭字营"，因作战英勇被升为副将，后任直隶提督。

1884年，中法战争爆发，清政府命刘铭传督办台湾军务。他临危受命，提出整顿海防的10项建议。同年，法军海军司令孤拔率军登陆基隆，刘铭传诱敌深入，在混战中打伤孤拔，击败法军，取得中法战争的胜利。

1885年10月，清政府在台湾建省，刘铭传担任台湾省第一任巡抚。他在任期间组织修建铁路，改革教育，完善通讯设施，设立邮政局，并加强台湾的海防建设。

1895年，台湾被迫割让给日本。刘铭传听到消息后，悲愤至极，卧床不起，于1896年1月12日病逝。

答案：1.C 2.C

考考你

1. 中国是何时开始在台湾建省的？
   A. 唐朝　　B. 明朝　　C. 清朝
2. 台湾的第一任巡抚是谁？
   A. 丁汝昌　B. 关天培　C. 刘铭传

阅读名人

邓世昌,1849年生,广东番禺人。少年时因目睹西方列强的军舰在中国海区横行,便立志保卫海疆。

1867年,邓世昌考入福建马尾船政学堂驾驶班。1874年,他以优异成绩毕业,被授予五品军功。1879年,他调入北洋水师,担任"致远"舰舰长。邓世昌以治军严格、忠勇刚直闻名。

1894年9月17日,清朝海军和日本海军在大东沟相遇。邓世昌指挥"致远"舰奋勇作战,在日舰的围攻下,"致远"舰多处受伤,燃起大火,船身倾斜。

邓世昌鼓励全舰官兵道:"我们从军卫国,早已将生死置之度外,今天就让我们为国捐躯吧!"说完,他毅然驾舰全速撞向日本主力舰"吉野"号,决意与敌人同归于尽。日舰官兵见状大惊失色,集中炮火向"致远"舰射击,不幸一发炮弹击中"致远"舰的鱼雷发射管,管内鱼雷发生爆炸,"致远"舰沉没。

邓世昌坠入海中后,其随从以救生圈相救,被他拒绝。爱犬游到他身旁,用嘴叼住他的发辫企图救主人,然而邓世昌誓与军舰共存亡,毅然将爱犬按入水中,自己也沉入波涛之中,与全舰官兵一同壮烈殉国。

答案:1.C 2.C

考考你

1. 邓世昌在与日军作战时开的军舰的名字是?
   A. 海东云　　B. 振威　　C. 致远
2. 为什么在"致远"号中鱼雷后,邓世昌还要驾驶军舰冲向敌艇?
   A. 他想投降　　B. 他想跳到敌人的军舰上去
   C. 他想把敌人的军舰撞沉

36 晚清海军名将刘步蟾

学生一定要知道的80位名人

阅读名人

刘步蟾，字子香，1852年出生于福建省闽侯县。

刘步蟾小时候聪明好学，15岁时就考入福建船政局后学堂的第一届驾驶班。1972年，他以第一名成绩毕业。1874年，年仅22岁的刘步蟾被任命为"建威"号的舰长。

1875年，刘步蟾被派往英国学习，归国后任北洋水师"镇北"炮舰管带。他认为拥有铁甲舰方能决胜海上，主张大力扩充海军力量以抵御外敌入侵。

1885年，刘步蟾从德国将"定远"号铁甲舰接回国，并被任命为该舰管带，旋升副将。1888年，北洋海军组成，刘步蟾参与起草《北洋海军章程》。同年被任命为北洋海军右翼总兵。

1894年，中日甲午战争爆发，刘步蟾指挥"定远"号英勇作战，并重创了日本舰队旗舰"松岛"号。

1895年，在威海保卫战中，"定远"号被日本鱼雷击伤，被迫搁浅在刘公岛东部充作"水炮台"。因进水过于严重，丁汝昌下令放弃"定远"。当时刘公岛局势日益恶化，为防止"定远"号将来落入敌手，刘步蟾下令将"定远"舰炸毁。

当天夜里，刘步蟾追随自己的爱舰，自杀殉国，年仅43岁。

答案：1.C 2.C

考考你

1. 刘步蟾曾被派往哪个国家学习？
   A. 日本   B. 法国   C. 英国
2. 威海卫战役中国与哪个国家作战？
   A. 英国   B. 俄国   C. 日本

37 杰出的爱国工程师詹天佑

阅读名人

詹天佑，字眷诚，1861年出生于广东南海县。

1872年，12岁的詹天佑作为中国第一批官办留美学生留学美国。1881年，他以优异的成绩毕业于耶鲁大学土木工程系铁路工程方向，获学士学位。1881年，詹天佑回国，在福建水师学堂学习驾驶海船。1882年11月，他担任旗舰"扬武"号驾驶官，指挥操练。1883年，中法战争爆发，詹天佑指挥"扬武"号，击中法国指挥舰"伏尔他"号，使法国海军司令孤拔险些丧命。1888年，詹天佑转入中国铁路公司，担任工程师。1890年，在修建关内外铁路（今京沈铁路）时，詹天佑在外国专家束手无策的情况下建成滦河大桥。1902年，詹天佑用4个月时间修成了新易铁路（高碑店至易县）。1905年9月4日，詹天佑作为总工程师指挥修建京张铁路。当时，外国人嘲笑说："能修建此路的中国工程师还没有出生。"但是，詹天佑仅仅用了4年时间，就建成了第一条中国人独立修建的铁路。

1912年，中华民国成立，詹天佑担任汉粤川铁路公司会办。1913年，袁世凯为夺取政权，修建铁路大权又落入列强之手。1919年，第一次世界大战结束后，詹天佑代表中国政府出席远东铁路国际会议，与企图霸占我国北满中东铁路的日方代表展开论战，取得了我国保护中东铁路的权利。同年病逝，时年59岁。

考考你

答案：1.C 2.C

1. 詹天佑毕业于哪个大学？
   A. 京师大学堂　　　B. 黄埔军校　　　C. 耶鲁大学
2. 我国真正意义上的第一条铁路是（　　）。
   A. 京九铁路　　　B. 京沪铁路　　　C. 京张铁路

舍身变法的谭嗣同

阅读名人

谭嗣同是清末维新变法的倡导者,字复生,号壮飞,湖南省浏阳县人。他是湖北巡抚谭继洵的儿子,"晚清四公子"之一。

1896年,谭嗣同结识了梁启超,开始研究变法理论。1898年,他回到湖南,协助举办新政,创办学堂,成立南学会。同时,为了加强变法理论的宣传,他还创办了《湘报》。

因为变法主张鲜明,所以谭嗣同被举荐给光绪帝。光绪帝授予他四品卿衔,参与新政。但是,以慈禧太后为代表的封建顽固派,反对新政,阴谋政变。在这紧急关头,谭嗣同去游说袁世凯,想得到袁世凯的支持,结果却被袁世凯出卖。慈禧太后发动政变,对维新派残酷镇压。谭嗣同拒绝逃走,他说:"变法没有不流血的,在中国就从我开始吧!"

被捕后,他写到:"我自横刀向天笑,去留肝胆两昆仑。"他最后与杨深秀、杨锐、林旭、刘光第、康广仁等一起被杀害,世称"戊戌六君子"。临刑前他叹道:"有心杀贼,无力回天,死得其所,快哉快哉!"就义时年仅33岁。

答案:1.A 2.B

考考你

1. 谭嗣同是被谁出卖的?
   A. 袁世凯　　B. 蒋介石　　C. 慈禧太后
2. 被慈禧太后抓起来的皇帝是谁?
   A. 乾隆　　　B. 光绪　　　C. 道光

39 民主主义革命家徐锡麟

学生一定要知道的80位名人

阅读名人

徐锡麟，字伯荪，1873年出生于浙江绍兴。

1893年，徐锡麟参加科举考试，中了秀才。1901年他在绍兴府学堂做教师，后任副监督。1903年，徐锡麟赴日本参加大阪博览会，受俄国事件影响，产生了反清革命思想。

1904年，徐锡麟在上海与蔡元培、陶成章共同组织了秘密革命团体——光复会。1905年，他在绍兴创办大通师范学堂，作为革命活动据点。

1906年，徐锡麟从日本回国，担任安徽武备学校副总办、警察处会办。1907年，担任巡警学堂堂长、陆军小学监督。

1907年7月6日，光复会发动了安庆起义。徐锡麟暗中联络会党，约定在巡警学堂毕业典礼时进行突然袭击，杀掉文武官员，占领安庆，然后与秋瑾的浙东起义军共同攻打南京。

因叛徒出卖，清政府知道了他们的作战计划，毕业典礼提前举行。徐锡麟按计划击毙了安徽巡抚恩铭，并带人占领了军械所。后来起义军被清军包围，激战进行了4个小时，起义军失败，徐锡麟被捕。

当晚，徐锡麟被杀。临刑前，他神色自若地说："功名富贵，非所快意，今日得此，死且不悔矣！"就义时年仅34岁。

答案：1.C 2.B

考考你

1. 徐锡麟参与成立的革命团体是什么？
   A. 同盟会　　　B. 华兴会　　　C. 光复会
2. 在安庆起义中，徐锡麟杀死了哪个清朝官员？
   A. 李鸿章　　　B. 恩铭　　　　C. 李莲英

40 爱国华侨陈嘉庚

阅读名人

陈嘉庚，1874年出生于福建省厦门市集美村，17岁时随父亲到新加坡经商。1905年，陈嘉庚开始独立创业，主要经营菠萝和橡胶种植业。到1925年时，他拥有了15000英亩橡胶园，橡胶制品遍销五大洲，资产达1200万元。

他富家不忘兴国，始终关注祖国的发展。1907年同盟会成立，他成为第一批会员，并以巨款资助辛亥革命，同时长期为家乡的文化教育事业奔波。1912～1920年间，他先后在集美创办小学、中学、师范、水产、航海、农林、商科等学校。1919年，"五·四"运动爆发后，陈嘉庚独资创办了厦门大学。1928年，陈嘉庚在新加坡发起抵制日货运动，并成立济南惨案筹赈会，任会长。1938年，"九·一八"事变后，他在新加坡召开侨民大会，号召捐款救国、抵制日货。同年，他在新加坡成立南洋华侨筹赈祖国难民大会，任会长。1940年，陈嘉庚回国慰问延安边区军民。在参观了抗日根据地的学校、工厂、机关，考察了陕北人民生活后，他断定"国民党蒋介石政府必败，延安共产党必胜"。从此以后，他积极拥护中国共产党领导的抗日民族统一战线。

1949年新中国成立后，陈嘉庚被选为中央人民政府委员，随后定居厦门集美。

1961年8月21日，陈嘉庚病逝于北京。临终前他把300万元遗产全部捐献给了国家。

答案：1.C 2.C

考考你

1. 陈嘉庚是在哪里开始创业的？
   A. 福建　　　B. 台湾　　　C. 新加坡
2. 厦门大学是哪一年创办的？
   A. 1907年　　B. 1920年　　C. 1919年

成长故事

黄兴，原名轸，号杞园，1904年改名兴，字克强，湖南善化（今长沙）人。

1898年他进入武昌南湖书院读书，开始接触西方政治学说。

1902年黄兴自费赴日本留学，期间他创建了国民教育会。

1903年他回国后，卖掉自家的田地，创建了中国国内第一个革命组织——华兴会，后因谋划反清起义失败逃亡日本。

1905年，他在东京拥护孙中山创立同盟会，并担任同盟会协理。

1911年4月，在黄兴领导下的黄花岗起义爆发，但起义很快失败，黄兴逃往香港。同年10月，武昌起义爆发，他被推为革命军战时总司令，率军在汉阳前线与清军奋战。武昌起义的胜利震惊了全国，不到两个月的时间，革命军就拥有了三分之二的天下。

1912年清帝溥仪退位，黄兴为中华民国的建立所作出的贡献，被永远地记在了中国历史辉煌的篇章里。同年，南京临时政府成立后，黄兴任陆军总长兼参谋总长。

1913年他担任江苏讨袁军总司令，失败后流亡日本、美国。

1916年春夏之际黄兴回国，同年10月10日，旧病复发，由于积劳过度，胃部再次大出血而病逝，享年42岁。

答案：1.C 2.C

考考你

1. 黄花岗起义失败后，黄兴逃到什么地方？
   A. 日本   B. 美国   C. 香港
2. 武昌起义时，黄兴担任什么职务？
   A. 参谋长 B. 陆军总长 C. 战时总司令

巾帼英雄秋瑾

学生一定要知道的80位名人

成长故事

秋瑾是清朝末年著名的女革命家,自称"鉴湖女侠",1875年出生于绍兴的一个小官僚地主家庭。

少年时代的秋瑾热情、倔强,喜好读书,爱骑马击剑,最钦佩历史上的巾帼英雄,希望能像花木兰那样效命疆场。她目睹民族危机的深重和清政府的腐败,决心献身救国事业。

1904年,秋瑾毅然冲破封建家庭的束缚,只身东渡日本求学。在日本,秋瑾积极地投入到中国留学生的革命斗争中去。

1905年8月,同盟会成立后,她被推为同盟会评议部评议员和浙江省分会会长。

1906年,秋瑾加入了光复会。同年秋瑾返回绍兴,主持大通学堂,联络革命力量,组织"光复军",积极进行起义的准备工作。

1907年5月,徐锡麟准备在安庆起义,秋瑾在浙江等地响应。7月6日,徐锡麟在安庆发动起义,由于准备不足,起义很快失败,徐锡麟也牺牲了。

安庆起义的失败,使秋瑾主持的浙江地区起义计划完全泄露,形势十分危急,同志们劝她暂时出去躲避一下,但她决心做中国妇女界为革命牺牲的第一人,坚决留在大通学堂与清军战斗到底。最终因为寡不敌众,秋瑾不幸被捕,于1907年7月15日英勇就义。

答案:1.C 2.B

考考你

1. 秋瑾自称是( )。
   A. 青莲居士　　B. 白眉大侠　　C. 鉴湖女侠
2. 中国妇女界为革命牺牲的第一人是( )。
   A. 赵一曼　　B. 秋瑾　　C. 双枪老太婆

43 "为宪法流血第一人" 宋教仁

学生一定要知道的80位名人

成长故事

宋教仁,字遁初,号渔父,1882年生于湖南省桃源县。

宋教仁小时候非常聪明,6岁开始读书,17岁时考入桃源漳江书院。受新思想的影响,他淡薄科举功名,关心天下大事。

1903年,宋教仁进入新式学校武昌普通中学学习。第二年,他结识了黄兴,随后在湖南长沙和黄兴一起组建了华兴会,并被选为副会长。

1905年,宋教仁到达日本,先后在东京法政大学和早稻田大学学习。同年他和孙中山、黄兴等人一起组织了同盟会。

1911年,宋教仁来到上海,担任进步报刊《民立报》主笔。武昌起义胜利后,他拟定中国历史上第一部共和制宪法性质文件《鄂州约法》。1912年中华民国中央临时政府成立,宋教仁担任法制局局长。

1912年8月,宋教仁将同盟会、统一共和党、国民共进会等合并为国民党,并任代理理事长。同时他到各地发表演说,反对袁世凯专权。袁世凯拉拢宋教仁不成,对其很是嫉恨。

1921年3月20日,宋教仁应袁世凯的邀请去北京,在火车站被人开枪射中。22日凌晨,宋教仁与世长辞,年仅31岁。孙中山称赞宋教仁"为宪法流血第一人"。

答案:1.C 2.A

考考你

1. 中国历史上第一部共和制宪法性质文件是谁制定的?
   A. 毛泽东　　B. 孙中山　　C. 宋教仁
2. (　　)后,宋教仁拟定中国历史上第一部共和制宪法性质文件。
   A. 武昌起义　B. 黄花岗起义　C. 南昌起义

44 护国运动主将蔡锷

成长故事

蔡锷，字松坡，湖南邵阳人。他从小聪明过人。6岁开始读书，13岁考中秀才，15岁考入长沙时务学堂。

1899年7月，蔡锷东渡日本求学，先到大同高等学校学习文科，后来投笔从戎，又进入陆军成城学校学习。

1904年冬，蔡锷毕业归国，先后在江西、湖南、广西清朝军队里训练新军；1911年调往云南任新军协统；1911年10月30日领导了辛亥云南起义，胜利后担任云南都督。

1913年蔡锷被袁世凯调到北京，任陆军部编译处副总裁、全国经济局督办等职。1915年12月，袁世凯下令取消民国，复辟帝制。蔡锷从北京化装逃跑，绕道日本、香港，回到云南。12月25日，他联络云南都督唐继尧通电宣布独立，组织护国军，分别从四川、湘西和广西三个方向出师讨袁。

经过几个月艰苦卓绝的战争，1916年6月6日，袁世凯在做了83天的皇帝后，一命呜呼，中华民国的国体得以保全，护国战争胜利。中央政府任命蔡锷为四川省督军兼省长。

护国战争时蔡锷已经得了喉癌，后因病情加重于1916年11月8日病逝，时年34岁。

答案：1.C 2.C

考考你

1. 袁世凯做皇帝后，蔡锷是怎么做的？
   A. 投降袁世凯
   B. 一听到袁世凯做皇帝，就起兵反对
   C. 假装投靠，借机逃跑，组织护国军讨伐
2. 中央政府曾任命蔡锷为哪个省的督军兼省长？
   A. 湖南　　B. 江西　　C. 四川

45 传奇将军冯玉祥

学生一定要知道的80位名人

成长故事

冯玉祥，字焕章，1882年出生在安徽巢县（今安徽巢湖市）。他小时候家里很穷，只断断续续地上过一年零3个月的私塾。1896年冯玉祥参军，在军营中，只要操练结束，他就埋头读书。

1931年"九·一八"事变后，他积极主张抗日，数次致电南京政府，反对蒋介石对日的消极和不抵抗政策。1933年初，日军向塞外重镇多伦进犯，察哈尔省危在旦夕。冯玉祥表示，绝不能等着当俘虏，更不能当逃兵，必须拿起枪来，实行抗战。他与中国共产党合作，于1933年5月，在张家口正式组建察哈尔民众抗日同盟军，并任总司令。他带领同盟军经过连续五昼夜的浴血奋战，收复了察哈尔省的全部失地。同盟军的抗日精神激发了全国民众的爱国热情，推动了全国的抗日运动。

1936年后，冯玉祥担任国民政府军事委员会副委员长，第三、第六战区司令长官。1946年他出国考察水利，在美国组织了旅美中国和平民主同盟。

1948年他加入民革，任中央常委。同年响应中国共产党的号召，回国参加新政治协商会议筹备工作，但在途经黑海时，因轮船失火遇难。

答案：1.B 2.C

考考你

1. 冯玉祥和共产党合作组成什么军队进行抗日？
   A. 东北抗日联军
   B. 察哈尔民众抗日同盟军
   C. 旅美中国和平民主同盟
2. 在日本侵略中国的时候，冯玉祥是怎么做的？
   A. 消极抵抗　　B. 不抵抗　　C. 和共产党一起抗日

46 《革命军》的创作者邹容

学生一定要知道的80位名人

成长故事

邹容，字蔚丹，1885年出生于四川巴县的一个富商家庭。

他6岁开始到私塾读书，12岁时就会背四书五经、《史记》、《汉书》。他讨厌八股文，喜欢读《天演论》、《时务报》等新学书刊，向往维新变革的新思潮。

1902年，为探索救国救民的道理，邹容东渡日本留学，进入东京同文书院补习日语。

在大量接触西方资产阶级民主思想与文化后，结识了一些革命志士，积极参加留日学生的爱国活动。受当时"排满革命"思潮的影响，他的思想逐渐从改良转向革命。

1903年，邹容回国，在上海完成了他的传世之作《革命军》。这本书如同一颗重磅炸弹落在清政府头上，让清政府惊恐万状，对社会也产生了巨大的影响。

1903年6月，《苏报》因宣传《革命军》，被相互勾结的中外反动派查封，章炳麟等人被捕入狱。

邹容决定与章炳麟共患难，因而也被捕入狱。在狱中邹容被折磨致病，于1905年4月3日病逝，年仅20岁。

答案：1.A 2.C

考考你

1. 下列哪些不是邹容喜欢读的新学书刊？
   A.《史记》　　　B.《天演论》　　　C.《时务报》
2. 邹容写了什么书，让清政府惊恐万状，对社会产生了巨大的影响？
   A.《猛回头》　　B.《天演论》　　　C.《革命军》

47 抗日名将方振武

学生一定要知道的80位名人

成长故事

方振武，字叔平，1885年出生于安徽省寿县的一个农民家庭。

1905年，方振武从安庆武备学堂毕业后，投身革命。武昌起义爆发后他加入革命军，参加了进攻南京的战役，并加入中华革命党。

1924年，方振武担任张宗昌部下的第二十四师师长。1926年1月，方振武率部加入冯玉祥的国民军，先后任第五军军长、第五军团总司令等职，后改属蒋介石指挥，曾任国民党第四军团总指挥、济南卫戍司令、安徽省政府主席等职。1929年方振武因反对蒋介石被押，1931年获释。

"九·一八"事变后，方振武将军奋起抗日。他在晋南组织了抗日救国军，自任总指挥，向全国通电，北上抗日。同年5月26日，方振武与冯玉祥、吉鸿昌共同在张家口联名发出通电，宣告察哈尔民众抗日同盟军正式成立，并担任副总司令。6月20日，同盟军任命方振武为北路前敌总司令，率军北进，收复察东失地。经过五昼夜苦战，终于收复多伦，将日伪军赶出察哈尔省。方振武因英勇善战被誉为"抗日名将"。

后来抗战失利，方振武在蒋介石的逼迫下流亡国外。日军占领香港后，他又潜回广东，准备再赴战场，不料却于1941年12月在中山县被国民党特务杀害。

答案：1.C 2.C

考考你

1. 方振武是哪一年参加革命的？
   A. 1885年　　B. 1924年　　C. 1905年
2. 方振武因为什么而被誉为"抗日名将"？
   A. 职位高　　B. 贪生怕死　　C. 英勇善战

打响抗日第一枪的爱国将领 马占山

成长故事

马占山，字秀芳，1885年11月30日出生在吉林怀德县。他从小给地主放马，后来因被地主诬陷偷马，被迫逃亡从军。

1911年马占山投靠清军，从四营中哨哨长升任为东北边防军骑兵师师长和黑河警备司令。

1931年"九·一八"事变后，马占山奉命担任黑龙江省政府代理主席兼军事总指挥。当日本无理要求中国军队撤离江桥时，他明确表示"一息尚存，绝不敢使尺寸土地沦于异族"，不作半点退让。

1931年11月4日，日军在飞机、大炮和装甲车掩护下，出动四千多人，向江桥发起进攻。马占山一面调兵遣将，一面亲临前线指挥。将士们同仇敌忾，在装备落后、武器不利的情况下，击退敌人的一次次进攻。江桥抗战，打响了武装抗击日本侵略者的第一枪，激发了中国人民的爱国热情。

1932年2月，马占山诈降日本，任伪满洲国军政部长。1932年4月他摆脱日军监视，在黑河举兵反日，通电继续抗日，并揭露伪满内幕，同时担任东北救国抗日联军总司令。

1936年，马占山参与张学良、杨虎城发动的西安事变。1949年1月，他与傅作义、邓宝珊等人一起接受中国共产党和平解放北平的条件，为和平解放北平作出了很大贡献。

答案：1.B 2.C

考考你

1. 什么战役打响了武装抗击日本侵略者的第一枪？
   A. 淞沪会战　　　　B. 江桥抗战　　　　C. 中原大战
2. 马占山为什么投靠日本人？
   A. 因为他贪生怕死　　B. 因为日本人让他做大官
   C. 因为他想知道日本人的底细

49 "炸弹大王"喻培伦

学生一定要知道的80位名人

成长故事

喻培伦是我国早期资产阶级民主革命的先驱，著名的黄花岗七十二烈士之一。

喻培伦于1886年出生于四川省内江市。他少年时代就十分聪明好学，经常拆卸钟表和一些机械器具，研究它们的构造。

1905年，喻培伦带着弟弟到日本求学，希望探索日本人学习西方的经验，寻求救国救民之道。他到日本后，立即如饥似渴地投入到学习之中。

1908年，喻培伦考入著名的千叶专门医校药科研制炸药，并在同年加入同盟会。他多次试制炸弹，实行暗杀，为中国的民主革命积极奔走。

1911年春，喻培伦参加了广州黄花岗起义。他胸前满挂炸弹，率领四川、广东籍"先锋"27人直奔总督衙门。培伦用炸弹炸裂后墙，攻占总督大堂，在攻占观音山敌营时与清兵遭遇，炸弹用尽后受伤被俘。

临刑前他大义凛然地说："学术是杀不了的，革命党人尤其是杀不了！"

喻培伦牺牲时年仅26岁，后葬于广州黄花岗。1912年，临时大总统孙中山追赠喻培伦为"大将军"。

答案：1.C 2.C

考考你

1. 喻培伦和谁一起去日本留学的？
   A. 妈妈　　B. 爸爸　　C. 弟弟
2. 喻培伦在日本学习什么？
   A. 医学　　B. 政治　　C. 研制炸药

50 "为天下人谋永福"的林觉民

学生一定要知道的80位名人

成长故事

　　林觉民是近代民主主义革命者，字意洞，号抖飞，福建福州人。

　　林觉民8岁的时候母亲就死了，他和父亲相依为命。14岁时，他进入福建高等学堂学习。后来林觉民不满足学到的东西，就在父亲的帮助下，到日本留学。在日本期间，他投身革命，并积极参加留学生集会，登台演讲，慷慨激昂，尽情地表达自己的爱国激情。

　　1911年春，同盟会在广州发动黄花岗起义，林觉民率领敢死队，冲进两广总督衙门，放火把总督衙门烧成了灰烬。在撤退的路上，遇到清朝的大队人马，双方展开激战，林觉民挺身奋战，最后受伤被捕。关押期间，林觉民不吃清军的一粒米，不喝他们的一口水。清朝提督张鸣岐亲自来劝他投降。林觉民对他们侃侃而谈，奉劝清朝官吏革除暴政，并说只要国家安定富强，自己也就死而瞑目了。

　　林觉民的英雄气概使清朝的官员惊恐万分，他们立即下令将他处死。就义时，林觉民毫不畏惧，面不改色，时年24岁。死后他葬于黄花岗，是"黄花岗七十二烈士"之一。

答案：1.B 2.C

考考你

1. 林觉民在什么地方开始参加革命的？
   A. 福建　　B. 日本　　C. 广州
2. 黄花岗起义中谁烧了两广总督衙门？
   A. 黄兴　　B. 孙中山　　C. 林觉民

51 中国共产主义运动的先驱李大钊

成长故事

李大钊,字守常,1889 年生于河北乐亭县大黑坨村。

李大钊出生于富人家庭,小时候熟读四书五经,1907 年考入北洋法政专门学校。但是他不满足所学知识,于是 1913 年又到日本的早稻田大学学习政治。

李大钊回国后投身于新文化运动,并担任北京大学图书馆主任。同时,通过比较检验,他于 1918 年在思想上确立了共产主义信念,并认为只有这一真理能够救中国。

在 1919 年的"五·四"运动中,李大钊登台演讲鼓动大家,在运动结束后他又积极营救被捕的人。1920 年,在他的支持下,中国早期共产主义组织成立。1922 年 8 月,李大钊促成第一次国共两党的合作。1924 年,李大钊到莫斯科参加共产国际第五次大会,回北京后担任中共北方区委书记,他也被军阀称作"北赤",遭到通缉。1926 年 3 月 18 日,他率群众去段祺瑞政府请愿,负伤后,躲入苏联大使馆旁边的兵营,在那里继续领导反帝反军阀的斗争。

1927 年 4 月 6 日,李大钊被奉系军阀逮捕,在狱中他身受酷刑,但坚决不泄漏一点秘密。4 月 28 日,为谋求中国人民解放,为实现共产主义理想,李大钊同志献出了自己宝贵的生命,就义时年仅 38 岁。

答案:1.B 2.B

考考你

1. 第一次国共合作是谁促成的?
   A. 陈独秀　　B. 李大钊　　C. 黄兴
2. 李大钊被军阀称作什么?
   A. 土匪　　　B. 北赤　　　C. 长毛

52 尽忠报国的张自忠

成长故事

张自忠，字荩忱，山东临清人。

1911年，张自忠就读于天津法政学校时，秘密加入同盟会。1914年，他弃学从军，历任排长、连长、营长、团长、旅长、师长。抗日战争爆发后，他率部南下抗战。

1938年3月，日军向徐州东北的台儿庄进发。张自忠率军进行抵抗，以"拼死杀敌"、"报祖国于万一"的决心，与敌激战，反复肉搏。经过几天的奋战，敌军受到重创，节节败退。中国军队相继收复蒙阴、莒县，共歼敌四千余人，取得台儿庄大战胜利。

1940年5月，日军发起了枣宜会战。身为集团军总司令的张自忠将军，率军抗击来犯之敌。他写信给朋友说："为国家民族死之决心，海不枯，石不烂，决无半点改变！"在日军以重兵对张自忠将军进行合围后，为牵制日军主力，张将军力战不退，与敌搏杀，最后身中七弹。

弥留之际，张自忠将军留下最后一句话："我力战而死，自问对国家、对民族、对长官可告无愧，良心平安！"随即他拔剑自杀，壮烈殉国。在这场战役中，张自忠彻底粉碎了日军进攻襄樊、威胁老河口的企图，使整个战局转危为安。

答案：1.C 2.B

考考你

1. 张自忠参加过哪次大败日军的战役？
   A. 中原大战　　B. 百团大战　　C. 台儿庄大战
2. 张自忠在哪次战役中牺牲了？
   A. 台儿庄大战　　B. 枣宜会战　　C. 中原大战

53 千古功臣杨虎城

成长故事

杨虎城，原名忠祥，号虎臣，后改为虎城，陕西蒲城人。

1908年，杨虎城组织"中秋会"，劫富济贫，扶弱抑强。1914年，他当了"刀客"的首领，领导武装抗暴斗争。

1915年，杨虎城率部众参加反袁的陕西护国军，并任营长。1917年，他参加了国民军，并于1924年加入国民党，拥护孙中山"联俄、联共、扶助农工"的三大政策。

1931年"九·一八"事变后，杨虎城主张抗日，反对蒋介石的"攘外必先安内"的政策，但蒋介石不听他的意见。1936年12月12日，他和张学良将军共同发动了著名的"西安事变"，扣留了蒋介石，并以八项抗日救国主张通电全国，迫使蒋介石停止内战，促成了国共第二次合作，推动了全国的抗日战争。

"西安事变"和平解决后，杨虎城将军被迫出国考察军事。抗日战争爆发后，他回国参加抗战，被蒋介石诱至南昌囚禁，先后关押于湘、黔、川等地，被囚禁达12年之久。

1949年9月17日，杨虎城在重庆惨遭国民党特务秘密杀害。

答案：1.C 2.C

考考你

1. 1908年杨虎城带领什么组织劫富济贫？
   A. 华兴会　　　B. 光复会　　　C. 中秋会
2. 为了逼迫蒋介石同意共同抗战，杨虎城和张学良发动了什么事变？
   A. 七·七事变　B. 九·一八事变　C. 西安事变

抗日将领 吉鸿昌

成长故事

吉鸿昌，字世五，1895年生于河南扶沟县。

18岁时，吉鸿昌加入冯玉祥的队伍，因为他有胆有谋，作战勇敢，所以，他所率部队被称为国民革命军第二集团军的"铁军"。1931年，吉鸿昌因不愿替蒋介石打内战，被蒋解职并勒令出国"考察"。他在欧美期间多次发表抗日演说，号召海外侨胞"用热血拥护祖国"。1932年1月28日，日本帝国主义侵略上海，吉鸿昌闻讯回国，加入中国共产党。1933年5月，他与冯玉祥、方振武在张家口建立了察哈尔民众抗日同盟军，任第二军军长、北路军前敌总指挥兼察哈尔省警备司令。从6月开始，吉鸿昌率领部下收复康保城、宝昌和沽源县，随后又率敢死队，收复了多伦。察东四县全归同盟军之手，成为"九·一八"事变以来中国军队首次从日伪军手中收复失地之举，对全国抗日力量产生了极大的鼓舞。

1934年11月9日，吉鸿昌不幸被国民党反动派逮捕，11月24日被杀害。殉难前，吉鸿昌从容走上刑场，并对敌人说："我为抗日而死，不能跪下挨枪，我死了也不能倒下！给我拿个椅子来，我得坐着死。"坐在椅子上，他又向敌人说："我为抗日死，死得光明正大，不能在背后挨枪。你在我眼前开枪，我要亲眼看到敌人的子弹是怎样打死我的。"当刽子手在他面前举起枪时，他凛然高呼："抗日万岁！中国共产党万岁！"吉鸿昌壮烈牺牲，时年39岁。

考考你

答案：1.B 2.C

1. 吉鸿昌为什么出国"考察"？
   A. 因为他想学习国外的先进知识
   B. 因为他不愿替蒋介石打内战
   C. 因为他觉得在国外比在中国生活好
2. 吉鸿昌哪一年加入了共产党？
   A. 1931年　　B. 1933年　　C. 1932年

55 北伐名将叶挺

成长故事

叶挺,字希夷,1896年9月10日出生于广东省惠阳县的一个农民家庭。

1912年,叶挺进入广州黄埔陆军小学学习,毕业后考上了保定军官学校。1919年,叶挺参加中国国民党,1922年升为团长。1924年,叶挺赴苏联,在莫斯科东方劳动者共产主义大学和红军学校中国班留学,并加入中国共产党旅莫支部。1926年北伐战争中,叶挺率领独立团作为北伐的先遣队,夺取汀泗桥,占领贺胜桥,攻陷武昌,无往而不胜,他所率的第四军被誉为"铁军",叶挺也获得了"北伐名将"的称号。

蒋介石叛变革命后,叶挺带领所属部队,参加了中国共产党独立领导的武装斗争。1927年8月1日,他与周恩来、贺龙、朱德、刘伯承等,发动了举世闻名的南昌起义,并在起义中担任总指挥和十一军军长。同年12月,叶挺与张太雷等领导了震惊中外的广州起义。两次起义失败后,叶挺在海外流亡了10年。1937年日本全面发动侵华战争,叶挺担任新四军军长,在敌后创建了苏南、苏北、皖东、豫皖苏边区等抗日根据地。1941年皖南事变中,叶挺被捕,在全国人民的呼吁下,于1946年3月被释放。同年4月8日他在回延安途中,因飞机失事在山西兴县黑茶山遇难。

答案:1.A 2.B

考考你

1. 北伐战争中,叶挺所在的军队被称为什么?
   A. 铁军　　　　B. 神军　　　　C. 金刚部队
2. 叶挺在抗日战争中担任什么?
   A. 独立团团长　　B. 新四军军长　　C. 抗日联军总司令

清贫烈士方志敏

学生一定要知道的80位名人

成长故事

1899年8月23日,方志敏出生在江西省弋阳县湖塘村。上学以后,方志敏逐渐接受革命思想,成长为一个革命者。1924年3月,他加入中国共产党。

1928年1月,方志敏参与领导弋横起义,创建了闽浙赣革命根据地和该地区的中国工农红军,是土地革命时期闽浙赣革命根据地党政军的主要领导者。1928年11月,他当选为中华苏维埃共和国临时中央政府执行委员。

1934年11月初,方志敏奉命率红军抗日先遣队北上,在皖南被多于自己6倍的国民党军围困。他带领先头部队艰苦奋战脱离险境,但是为了接应后面的部队,又潜进重围,最终因为寡不敌众,于1935年1月27日在江西陇首村被俘。被捕的那天,两个国民党士兵搜遍方志敏全身,除了一块怀表和一支钢笔,没有一文钱。正如方志敏所说:"清贫朴素的生活,正是我们革命者能够战胜许多困难的地方!"在狱中,面对敌人的严刑和诱降,他正气凛然、坚贞不屈,并留下了《可爱的中国》等著作。

1935年8月6日,方志敏在江西南昌下沙窝英勇就义,年仅36岁。

答案:1.C 2.B

考考你

1. 方志敏加入中国共产党时年龄多大?
   A. 15岁　　　　B. 21岁　　　　C. 25岁
2. 方志敏为什么会被敌人抓住?
   A. 因为叛徒出卖　　B. 因为寡不敌众　　C. 因为指挥错误

现代革命思想家瞿秋白

学生一定要知道的80位名人

成长故事

瞿秋白，又名霜，江苏常州人，是中国共产党早期领导人之一。

1919年，中国在巴黎和会外交失败的消息传到北京，"五四"爱国运动爆发，瞿秋白带领同学参加游行示威并火烧赵家楼。

1920年，因为精通俄语，瞿秋白以记者的身份被派到苏俄采访。在俄国期间，他把俄国的情况系统、真实地报道给了中国人民，第一个把社会主义思想传入中国。

1923年瞿秋白回国，并担任中国共产党的领导人。他起草党纲，创办大学，纠正共产党的"左"倾错误。

1931年夏到1933年秋，瞿秋白在上海致力于左翼文化运动。1935年2月26日，他被国民党逮捕，同年6月18日英勇就义于福建省长汀县罗汉岭下。

答案：1.A 2.C

考考你

1. 瞿秋白为什么能把俄国的情况真实地报道给中国人民？
   A. 因为瞿秋白懂俄语　　B. 因为他是俄国人
   C. 因为他有翻译
2. 瞿秋白是什么时候牺牲的？
   A. 1933年　　B. 1936年　　C. 1935年

智慧少年书系

58 革命烈士夏明翰

成长故事

夏明翰,字桂根,湖南衡阳县人。他的祖父是清朝的高官,家里生活很富足,但是他从小就关心农民的疾苦。

1921年,夏明翰逃出家门,离开优越的生活环境,开始探寻革命道路。在毛泽东的介绍下,夏明翰加入中国共产党,当年就领导了人力车工人罢工斗争。

1927年,蒋介石发动反革命政变,杀死了很多共产党人。夏明翰听了这个消息,悲愤地写道:"越杀胆越大,杀绝也不怕。不斩蒋贼头,何以谢天下!"

1928年初,由于叛徒的出卖,夏明翰在武汉被敌人逮捕。两天后,由于他顽强不屈,被敌人押送到汉口刑场。当敌执行官问夏明翰还有什么话要说时,他大声说:"有,给我拿纸笔来!"然后写下了"砍头不要紧,只要主义真。杀了夏明翰,还有后来人!"这首大义凛然的《就义诗》。

为了中国人民的革命事业,夏明翰壮烈牺牲了,时年仅28岁。

考考你

答案:1.C 2.C

1. 夏明翰为什么要参加革命?
   A. 因为他家很穷,他想生活得好一点
   B. 因为他爷爷让他闹革命
   C. 因为他关心农民的疾苦,想让大家都生活得好一点
2. 夏明翰领导了什么运动?
   A. 武昌起义　B. 辛亥革命　C. 人力车工人罢工斗争

59 一代名将张学良

学生一定要知道的80位名人

成长故事

张学良，字汉卿，号毅庵，1901年出生于辽宁省台安县，是军阀张作霖的长子。

张学良从东三省陆军讲武堂第一期炮科毕业后，担任奉军空军司令。1928年6月，张作霖被日本关东军炸死，张学良继位，人称"少帅"。

1928年12月，张学良不顾日本和亲日派的阻挠，宣布东北易帜，服从南京国民政府，实现了中国形式上的统一。

1931年"九·一八"事变后，张学良执行蒋介石的不抵抗命令，日军很快侵占了东三省。

1935年，国民党政府对日本侵略一再妥协，全国人民一致要求停止内战，全面抗日。张学良经中国共产党人的帮助，相信联共抗日是唯一出路。12月4日，蒋介石到西安，张学良与杨虎城向蒋介石面谏不成，于12日发动了著名的"西安事变"，扣留了蒋介石，通电全国，提出抗日八项主张。后来在周恩来的协商下，西安事变和平解决，达成了国共第二次合作——全面抗战的协议。

从此以后，张学良被长期软禁。直到1988年蒋经国逝世后，才逐渐获得人身自由。

1995年，张学良离开台湾，侨居美国。2001年10月15日在美国夏威夷病逝，享年100岁。

答案：1.C 2.C

考考你

1. 下列哪一项与张学良无关？
   A. 东北易帜　　B. 西安事变　　C. 护国战争
2. 张学良为什么要发动西安事变？
   A. 因为蒋介石对他不好　　B. 因为共产党的逼迫
   C. 因为他相信只有联共抗日才能救中国

60 抗战牺牲的八路军最高将领左权

学生一定要知道的80位名人

成长故事

左权,原名左纪权,号叔仁,1905年生于湖南醴陵一个农民家庭。他自幼聪慧过人,8岁读私塾,10岁便能写诗作对。

1924年,左权成为黄埔军校第一批学生。在周恩来的影响下,他于1925年2月加入中国共产党。在学校里他参与组织和领导青年军人联合会,创办进步刊物,被称为"黄埔新星"。1925年夏,左权先后在莫斯科中山大学和伏龙芝军事学院学习,1930年和刘伯承一起回国。

抗日战争期间,他先后担任八路军副总参谋长、八路军前方总部参谋长,后兼八路军第二纵队司令员。左权长期战斗在太行山区,先后参与指挥了粉碎日军对晋东南的九路围攻、百团大战和黄崖洞保卫战等,立下了赫赫战功。

1938年4月,日寇纠集四万多人,妄图摧毁太行山抗日根据地。左权将我军主力迅速调集武乡,以突袭战术,把敌人切为数段,血战一天,消灭敌军四千多人,收复了辽县、黎城等18座县城,使上百万群众从敌人的残暴统治下解放出来。

1942年5月,日军向八路军总部所在地山西辽县(今左权县)麻田进犯,左权在指挥部队突围时,被日军的炮弹击中而壮烈牺牲,时年37岁。

考考你

答案:1.C 2.B

1. 下列哪个学校左权没有去学习过?
   A. 莫斯科中山大学　　B. 伏龙芝军事学院　　C. 早稻田大学
2. 左权牺牲在什么地方?
   A. 太行山　　　　　　B. 辽县　　　　　　　C. 洪洞县

61 铁血将军杨靖宇

阅读名人

杨靖宇，姓马，名尚德，号骥生，1905年出生在河南驻马店市驿城区（原确山县）的一个农民家庭里。

1926年，杨靖宇加入中国社会主义青年团。1927年，他领导了震惊中外的确山暴动，建立了中国共产党领导的全国第一个县级人民政权——确山县临时治安委员会。1927年6月，杨靖宇光荣地加入了中国共产党。同年11月，杨靖宇领导发动了著名的刘店秋收起义，建立了苏维埃政权——确山县革命委员会。

1928年底，杨靖宇开始使用张贯一的化名，开展党的地下工作。在此期间他曾三次被捕入狱。对于敌人的严刑拷打，他从不畏惧。

1929年7月，杨靖宇转战到东北，与其他革命同志共同建立了东北抗日联军。1939年在东南地区秋冬季反"讨伐"作战中，他率领警卫旅与日军对抗。1940年2月23日，几次战斗后，杨靖宇负了伤，身边只剩下几名抗联战士，凶狠的敌人向他们进行了疯狂的扫射，杨靖宇身中数弹，壮烈牺牲。

杨靖宇牺牲后，日军剖开他的腹部，发现他的胃里除了没消化的树皮、草根和棉絮外，竟没有一粒粮食，连残暴的敌人都感到十分震惊。

答案：1.C 2.C

考考你

1. 共产党领导的第一个县级革命政权是谁建立的？
   A. 毛泽东　　B. 邓小平　　C. 杨靖宇
2. 日本鬼子为什么对杨靖宇感到震惊？
   A. 因为杨靖宇个子很高　　B. 因为杨靖宇不怕死
   C. 因为杨靖宇吃树皮、草根和棉絮，却坚持打日本鬼子

抗日女英雄赵一曼

阅读名人

赵一曼是著名的抗日女英雄。"五四"运动时期她接受进步思想，冲破了家庭的封锁，走上了争取人民解放的道路。1926年夏，她加入了中国共产党。1927年9月，她去苏联莫斯科中山大学学习。第二年回国后，她在宜昌、南昌和上海等地秘密开展党的工作。

"九·一八"事变后，赵一曼被派往东北地区发动抗日斗争。作为当地抗日组织的主要领导人之一，她领导工人进行罢工运动，组织青年农民反日游击队与敌人进行斗争。

1935年秋，赵一曼担任东北抗日联军第三军第二团的政委。11月间，第二团被日伪军围困于一座山上。她协助团长指挥作战，连续打退敌军6次进攻。赵一曼为掩护部队突围，身负重伤。后来在珠河县一个农民家中养伤时，她被日军发现而被俘。日军对她施以酷刑，赵一曼宁死不屈，严厉痛斥日军的侵略罪行。为了得到口供，日军将她送进医院治疗。在医院里，赵一曼积极宣传抗日救国的道理，在看护和看守的帮助下逃出医院。1936年6月30日早晨，赵一曼再次被捕，受到更加残酷的折磨。

1936年8月2日，赵一曼在珠河被敌人杀害，年仅31岁。

答案：B

考考你

1. 赵一曼为什么参加革命？
   A. 她家很穷，她想过上好日子
   B. 她爱国，希望人民获得解放
   C. 她的父母让她参加革命

63 中华好儿女江姐

126 智慧少年书系

阅读名人

江姐原名江竹筠，1920年生，四川自贡人。江竹筠10岁时到重庆的织袜厂当了童工，在苦难的生活经历中，她对当时的社会制度充满了仇恨，同时也养成了刻苦学习的习惯。1939年，她考入重庆的中国公学，并秘密加入了共产党。毕业后她回到重庆，参加和领导学生运动。她负责的红色报纸《挺进报》宣传革命的思想和形势，给敌人造成了极大的恐慌。

1947年，江竹筠与丈夫彭咏梧一起到万县组织下川武装起义。后来彭咏梧不幸牺牲，她谢绝了党组织的照顾，坚持到"老彭倒下的地方"继续战斗。

1948年6月14日，江姐被叛徒出卖，在万县被捕，后与其他革命同志一起被转押到渣滓洞看守所。国民党特务多次对她进行拷问，使用竹签扎手指的酷刑，但她始终坚贞不屈，被狱中难友称为"中华儿女革命的典型"，大家都亲切地叫她江姐。狱中的一些同志组织了对江姐的慰问活动，为了鼓舞狱中战友的斗志，江姐与其他同志提出"坚持学习，锻炼身体，迎接解放"的口号，他们凭着对毛泽东《新民主主义论》等的记忆，组织难友学习、讨论，在狱中同敌人继续作斗争。

1949年11月14日，在重庆解放的前夕，江姐和其他难友被敌人秘密杀害，当时她只有29岁。

答案：1.A 2.A

考考你

1. 江姐被捕后，被关在什么地方？
   A. 渣滓洞集中营　　B. 熄峰集中营　　C. 76号集中营
2. 大家叫江竹筠为江姐，是因为她（　）。
   A. 坚贞不屈　　　　B. 年龄大　　　　C. 漂亮

 东北抗联名将**赵尚志**

学生一定要知道的80位名人

阅读名人

赵尚志，辽宁朝阳人，是著名的抗日将领。1925年，年仅17岁的赵尚志加入了中国共产党，并进入黄埔军校学习。

1931年，九·一八事变发生后，赵尚志到东北宣传抗日主张，并很快与其他革命同志共同组织了一支抗日队伍—东北抗日联军。赵尚志带领士兵经过与敌人的多次战斗，建立了自己的根据地，并使之不断扩大。东北抗日联军给日军不小的打击，让日军很是恼火。

随着日军对东北抗日根据地"围剿"的加剧，东北抗联逐渐陷入了困境。

1942年2月12日凌晨，赵尚志在叛徒刘德山的诱骗下，带小分队去袭击梧桐河警察分所。途中，刘德山暗中开枪，子弹穿透了赵尚志的腹部，敌人迅速包围上来。赵尚志回头击毙了刘德山，命令未受伤的队员带着文件转移，他忍受着重伤后的剧痛进行掩护。后因流血过多，他在昏迷中被俘。

赵尚志被俘后大义凛然，宁死不屈，敌人没有任何办法，最后赵尚志因伤势过重光荣牺牲，年仅34岁。敌人也佩服地说："小小的'满洲国'，大大的赵尚志。"

答案：1.C 2.A

考考你

1. 赵尚志是被谁出卖的？
   A. 甫志高　　　B. 温七九　　　C. 刘德山
2. 赵尚志组织的抗日队伍是什么？
   A. 东北抗日联军　B. 新四军　　　C. 八路军

65 少年英雄王二小

学生一定要知道的80位名人

阅读名人

王二小，1929年出生，河北省涞源县上庄村人，是中国少年抗日英雄。

抗日战争时期，王二小的家乡是八路军抗日根据地，经常遭到日本鬼子的"扫荡"。王二小是儿童团员，他常常一边在山坡上放牛，一边给八路军放哨。

有一天，日本鬼子又来"扫荡"，但走到山口时迷了路。敌人看见王二小在山坡上放牛，就叫他带路。王二小装出很听话的样子走在前面，为了保卫转移躲藏的乡亲，他假装忘了地方，一会儿左转，一会儿右转，一会儿上山梁，一会儿下山沟。最后，他觉得乡亲们走远了，而且鬼子对他深信不疑了，就把敌人带进了八路军的埋伏圈。

八路军看见鬼子来了，就一起朝敌人射击。敌人知道上了当，就气急败坏地用刺刀挑死了王二小。

机智勇敢的小英雄王二小，牺牲时年仅13岁。

答案：1.C 2.C

考考你

1. 为什么王二小给日本鬼子带路？
   A. 因为他怕挨打　　　B. 因为他想吃糖
   C. 因为他想把日本鬼子带进八路军的埋伏圈
2. 王二小牺牲时多大？
   A. 16岁　　B. 18岁　　C. 13岁

66 小兵张嘎

学生一定要知道的80位名人

阅读名人

张嘎小时候就没了父母,是奶奶把他养大的。他聪明勇敢,绰号"嘎小子"。嘎小子从小的愿望就是能当上八路军,能有一把自己的枪。

在鬼子的一次突袭中,奶奶为掩护八路军被鬼子打死,嘎小子最敬爱的老钟叔也被鬼子抓走了。嘎小子悲痛欲绝,他决心报仇,于是就出发去寻找打鬼子的地区队伍。

人小鬼大的嘎小子乔装打扮成卖西瓜的小贩,缴了为日本鬼子卖命的胖翻译的"真家伙"。经过区队长的教育,他把枪上交给了组织。

在一次战斗中,他受了伤,就在老乡家里休养。游击队攻打敌人岗楼时,他不顾身体,偷偷从老乡家里跑来参战,不幸在进城侦察时被捕。

在敌人面前,嘎小子刚强不屈,并在战斗中逃了出来,而且配合游击队拔掉岗楼。战斗胜利了,区队长代表部队表扬了嘎小子,奖励给他一支真正的小手枪。嘎小子终于成了一名出色的小侦察员。

答案:1.C 2.C

考考你

1. 下列哪个不是张嘎的愿望?
   A. 当上八路军   B. 有自己的枪   C. 穿上好衣服
2. 张嘎在缴了胖翻译的枪后是怎么做的?
   A. 留给自己   B. 送人了   C. 交给组织

67 为党牺牲的最年轻的党员刘胡兰

学生一定要知道的80位名人

阅读名人

刘胡兰，1932年10月8日出生在山西文水县一个贫苦农民家庭，是我国著名的革命英雄。

刘胡兰10岁就参加了儿童团，和小伙伴一起为八路军站岗、放哨、送情报，在党的教育下，她逐渐成长为一名坚定的革命者。还不到14岁时，她就成为一名光荣的共产党员了。

1947年1月12日，阎锡山的部队突然袭击云周西村，刘胡兰由于叛徒的出卖被捕，被气势汹汹的敌人带走了。

在刑场上，敌人残忍地杀死了其他6名革命同志，铡刀旁只剩下了刘胡兰一个人。

敌人威胁道："你怕不怕？坦白不坦白？"刘胡兰眼睛里冒着怒火，坚决地回答："我死也不屈服，绝不投降！"敌人气急败坏，刘胡兰面向敌人愤怒地问："我咋个死法？"匪军说完"一个样"后，她就自己坦然地躺在刀座上。

刘胡兰，中国共产党的优秀党员，人民的好女儿，就这样牺牲了，当时她年仅15岁。

答案：1.C 2.C

考考你

1. 刘胡兰10岁时就参加了什么组织，为八路军站岗、放哨、送情报？
   A. 八路军　　B. 工人武装队　　C. 儿童团
2. 刘胡兰牺牲时多大？
   A. 13岁　　B. 14岁　　C. 15岁

 人民的好书记 焦裕禄

学生一定要知道的80位名人

阅读名人

焦裕禄，1922年8月16日出生于山东省淄博市崮山镇。因家境贫困，焦裕禄只上过几年小学，12岁时就被抓到辽宁抚顺煤矿做苦工。

后来，焦裕禄凭着机智逃了出来，于1945年开始参加革命工作。1946年1月焦裕禄光荣地加入了中国共产党，先后在河南省尉氏县担任过副区长、区长、区委副书记、青年团县委书记、青年团地委和郑州地委宣传部部长、第二副书记。

1953年6月，焦裕禄担任洛阳矿山机械厂车间主任、科长。1962年6月，调回尉氏县任县委书记。1962年12月，焦裕禄被调到兰考县任县委书记。焦裕禄到兰考时，兰考县正遭受内涝、风沙、盐碱三害。为改变兰考面貌，他抽调20名干部、老农和技术员，组成一支三结合的"三害"调查队，在全县展开了大规模的堵洪水、查风口、探流沙的调查研究工作。他带领大家跋涉5千里，查清了全县大小风口84个，逐个进行了编号、绘图，为防灾抗灾积累了第一手资料。

为了改变兰考的贫困落后面貌，他积劳成疾，身患肝癌，但仍坚持工作，不幸在1964年5月14日逝世，年仅42岁。

答案：1.C　2.B

考考你

1. 焦裕禄是什么地方的人？
   A. 郑州　　B. 兰考县　　C. 山东
2. 焦裕禄死时任什么职位？
   A. 尉氏县区长　　　　B. 兰考县县委书记
   C. 郑州地委宣传部部长

阅读名人

王进喜，1923年出生于甘肃玉门县金村，6岁时沿街乞讨，8岁时给地主放牛，14岁时被抓到玉门石油公司做苦工。

1950年，王进喜成为我国第一代石油工人。1956年他升任1205钻井队队长，同年加入了中国共产党。

1960年春，我国发现大庆油田，王进喜率领1205钻井队赶到大庆。他带领工人克服种种困难，"人拉肩扛运钻机"，破冰取水，用脸盆、水桶端水，以"宁可少活20年，拼命也要拿下大油田"的顽强意志和冲天干劲，苦干五天五夜，打出了大庆第一口喷油井。

在随后的10个月里，王进喜率领钻井队，在极端困苦的情况下，创造了年钻井10万米的奇迹。身患重病时，他顾不上去医院；钻杆砸伤了腿，他拄着双拐继续指挥。一天，油井突然出现井喷，王进喜决定用水泥来压井。水泥倒入泥浆池后搅拌不开，王进喜就甩掉拐杖，奋不顾身跳进齐腰深的泥浆池，用身体搅拌。井喷终于被制服，可是王进喜却累得站不起来了。房东大娘心疼地说："王队长，你可真是铁人啊！"之后，"铁人"的名字就传开了。

王铁人为发展祖国的石油事业日夜操劳，身心交瘁，积劳成疾，于1970年病逝，年仅47岁。

考考你

答案：1.B 2.C

1. 大庆的第一口油井是谁带人打出的？
   A. 吉鸿昌　　　　B. 王进喜　　　　C. 徐虎
2. 当水泥搅拌不开的时候，王进喜是怎么做的？
   A. 用他的拐杖搅拌　B. 让别人用手搅拌　C. 他用身体搅拌

学生一定要知道的80位名人

阅读名人

邓稼先，1924年出生于安徽怀宁县一个书香门第。他父亲是清华、北大哲学教授。在父亲的熏陶下，邓稼先从小就奠定了很好的文化基础。1945年抗战胜利时，邓稼先从西南联大毕业，在昆明参加了共产党的外围组织"民青"，投身于争取民主、反对国民党卖国独裁的斗争。第二年，他回到北平，受聘担任了北京大学物理系助教，并在学生运动中担任了北大教职工联合会主席。

1947年邓稼先赴美留学，由于他学习成绩突出，在26岁时，就通过了博士论文答辩，人称"娃娃博士"。

1950年8月，邓稼先回国，1954年加入中国共产党。1958年秋，邓稼先投入到原子弹的研究中。当时，谁也没有见过原子弹是什么样子，更不用说搞原子弹的理论设计了。邓稼先找来了与此有关的外文原版经典著作，边阅读，边翻译，边油印，费了很大心血。

1964年10月，中国成功爆炸第一颗原子弹后，他率领研究人员在试验后迅速进入爆炸现场采样，以证实效果。同年，他又同于敏等人投入对氢弹的研究，最后终于制成了氢弹，并于原子弹爆炸后的两年零8个月内试验成功。

1986年7月29日，邓稼先因病去世，人称"两弹元勋"。

答案：1.A 2.A

考考你

1. 邓稼先为什么被称为"娃娃博士"？
   A. 因为他博士毕业时才26岁
   B. 因为他带着孩子念书，孩子经常哭
   C. 因为他意志不坚定，经常哭鼻子
2. 中国第一颗原子弹是什么时候试验成功的？
   A. 1964年10月   B. 1967年4月   C. 1966年10月

阅读名人

董存瑞出生于河北省怀来县南山堡的一个贫苦农民家庭。他13岁时就掩护八路军，被人称为"南山堡的王二小"。

1945年，董存瑞参加了八路军。1947年，他光荣地加入了共产党。

1948年5月25日，进攻隆化县城的战斗打响。董存瑞带领战友炸毁了敌人3个炮楼5个碉堡，打开了隆化中学的外围工事。当战士们要冲上前去时，敌人隐藏在碉堡里的机枪突然开火，部队受阻，伤亡严重。不炸掉这个碉堡，部队就无法前进，而派去爆破的战友却一个个在中途倒下。紧急关头，董存瑞主动请战，在战友的掩护下他冲到桥底，然而却发现找不到支撑炸药的支架，他两次安放炸药都滑了下来。为了减少战士的伤亡，董存瑞用身体作支架，左手托起炸药包，右手拉燃了导火索，高喊："为了新中国，冲啊！"随着一声巨响，敌人碉堡被炸毁，红旗插进了隆化中学。

董存瑞为部队的胜利开辟了道路，牺牲时年仅19岁。

答案：1.C 2.C

考考你

1. 小时候的董存瑞被称作什么？
   A. 南山堡的雨来　　B. 南山堡的刘胡兰
   C. 南山堡的王二小
2. 董存瑞用什么当支架安放炸药？
   A. 木头　　　　B. 石头　　　　C. 自己的身体

72 舍己救人的罗盛教

学生一定要知道的80位名人

阅读名人

罗盛教，1931年出生于湖南省新化县的一个贫苦家庭。在他幼年时期，为了生计，父亲把他送进道观做道士。

1949年新中国成立后，罗盛教光荣地参加了中国人民解放军。1951年4月，响应党的号召，他参加了中国人民志愿军，奔赴朝鲜。

在朝鲜的日子里，罗盛教经常帮房东大妈担水、劈柴，乡亲们都夸奖罗盛教是好样的。

1952年1月2日清晨，罗盛教在河边练习投手榴弹。当时天很冷，河面结了厚厚的冰，几个儿童在上面欢快地滑冰。忽然，有人叫道："有人掉进冰窟窿了！"罗盛教赶紧冲过去，脱下棉袄，跳进零下20度的冰河里。过了很久，罗盛教终于将落水的孩子托出水面。当少年两臂扒住冰面往上爬时，突然，"哗啦"一声，冰又塌了，少年连人带冰又落入水中。这时罗盛教全身已冻得发紫，体力已快消耗殆尽，但他却又一次潜入水中，过了好久才用头和肩将少年顶出水面，可是他却再也没有上来。

为了救落水的朝鲜儿童，罗盛教献出了自己的生命，牺牲时年仅21岁。

答案：1.C 2.C

考考你

1. 罗盛教自己为什么没有上来？
   A. 因为他想游泳　　B. 因为水里面暖和
   C. 因为他又累又冻，没有力气上来了
2. 罗盛教牺牲时多大？
   A. 19岁　　B. 50岁　　C. 21岁

阅读名人

黄继光是四川省中江县人。他从小就给地主作长工、割草放牛。新中国建立后，黄继光参加了民兵组织。

抗美援朝战争开始后，黄继光第一个报了名。到朝鲜前线后，黄继光担任连通讯员。因为表现好，他很快被任命为营通讯员，并立三等功两次。

1952年10月，在上甘岭战役中，黄继光所在的二营奉命反击597.9高地。我军连续攻下敌人数处阵地后，在半山腰被敌人的机枪火力点压制，前进受阻。这时黄继光挺身而出，主动要求去消灭敌人的火力点。当黄继光快到火力点的时候，他的战友一位牺牲，一位负重伤。他的左臂也被打穿，身上七处负伤，手雷全部用光。为了完成任务，减少战友的伤亡，黄继光忍住剧痛，英勇地扑向敌人的火力点，用自己的胸膛堵住正在扫射的敌人的机枪射孔，为反击部队扫清了前进的道路。

黄继光壮烈牺牲，时年仅21岁，他的名字及英雄事迹被镌刻在上甘岭北面的五圣山石壁上，其家乡中江县光发乡也改名为继光乡。

答案：1.C 2.B

考考你

1. 黄继光怎么消灭敌人的火力点的？
   A. 用手雷把敌人的火力点炸掉了
   B. 把火力点里面的敌人打死了
   C. 用身体堵住了敌人的枪眼
2. 黄继光出身的乡，现在叫什么？
   A. 兴发乡　　　　B. 继光乡　　　　C. 胡兰乡

74 烈火英雄邱少云

阅读名人

邱少云，1931年生于四川省铜梁县。少年时他父母双亡，13岁就开始给地主做雇工。

邱少云23岁时被国民党抓去当兵，被救出来后，参加了中国人民解放军。1951年3月，他参加了中国人民志愿军赴朝作战。在部队开赴前线途中，他冒着美军飞机的扫射轰炸，从燃烧的居民房屋里救出一名朝鲜儿童。

1952年10月，上甘岭战役开始。邱少云随所在部队奉命在敌阵前沿的草丛中埋伏，配合大部队对敌人发动突然袭击。第二天中午，敌人的燃烧弹引燃了他身边的草丛，火顺势烧着了他的衣服、鞋袜，最后烧遍他的全身。在他身后就有一条水沟，只要他后退几步，跳到水里，就能将火苗扑灭。但为了不暴露目标，确保全体埋伏人员的安全和攻击任务的顺利完成，他咬紧牙关，任凭烈火烧焦头发和皮肉，坚持了三十多分钟，直至壮烈牺牲。

战后，中国人民志愿军总部给他追记特等功，追授他"一级英雄"称号。朝鲜民主主义人民共和国最高人民会议常任委员会追授他"朝鲜民主主义人民共和国英雄"称号和金星奖章、一级国旗勋章。

答案：1.C 2.B

考考你

1. 当火烧到邱少云身上时，邱少云是怎么做的？
   A. 他在地上打了几个滚，把火压灭了
   B. 他跳到水沟里，把火淹灭了
   C. 他一动不动，直到火把他烧死
2. 当火烧到邱少云身上时，他为什么一动不动？
   A. 他不怕火烧　　B. 他怕暴露目标　　C. 他动不了

75 小英雄雨来

阅读名人

雨来的家在晋察冀边区北部的芦花村，村边有一条河。雨来喜欢游泳，在村里的孩子们中他的游泳本领最高。

雨来上夜校了，他跟老师学会了说"我们是中国人，我们爱自己的祖国！"雨来牢牢地记住了这句话。

一天，鬼子来"扫荡"。当时爸爸到区上集合，妈妈去东庄舅舅家了，留下雨来一个人在家背课文。突然，交通员李大叔闯进来，钻进了墙角缸下的地洞。李大叔对雨来说："把缸搬回原处，你快跑，对谁也不要说！"雨来使出浑身力气刚把缸搬好，敌人就来了，他们把雨来绑了起来。

一个扁鼻子军官假装温和地说："害怕的不要，小孩皇军大大地喜欢。"他又把糖和金戒指放在雨来的面前，问："你看见一个人跑进来没有？"雨来说："我在屋子里看书，没看见！"扁鼻子军官火了，在雨来的脸上打了两巴掌。雨来咬着牙，忍着痛，心想："打死我也不能告诉你们！"不管鬼子怎么打，雨来始终咬着牙说"没看见"。扁鼻子军官气极了，嗷嗷叫着："拉出去，枪毙！"

河沿上响起了枪声，乡亲们难过极了，都以为雨来牺牲了。

突然，雨来从河里露出了小脑袋，原来枪响之前，雨来趁敌人不防备一头扎进了水里。

答案：1.C 2.C

考考你

1. 雨来为什么不告诉鬼子李大叔在哪里？
   A. 因为鬼子打他了　　B. 因为鬼子给的糖和金戒指少
   C. 因为李大叔是八路军的交通员
2. 鬼子为什么要给雨来糖和金戒指？
   A. 因为他喜欢小孩　　B. 因为他很善良
   C. 因为他想让雨来说出李大叔在哪里

"伟大的共产主义战士"雷锋

学生一定要知道的80位名人

阅读名人

雷锋，原名雷正兴，1940年出生在湖南省望城县一个贫农家。7岁时，父母被地主害死，雷锋成了孤儿。

1950年，10岁的雷锋当了儿童团长。1956年夏天，雷锋小学毕业后在乡政府当了通讯员，并于1957年加入共青团。1958年春，雷锋响应支援鞍钢的号召，到鞍山做了一名推土机手。1959年8月，他到条件更艰苦的弓长岭焦化厂参加基础建设，曾带领伙伴们冒雨奋战保住了7200袋水泥。1960年1月雷锋应征入伍，同年11月加入中国共产党。在连队他被分为汽车兵。他努力钻研驾驶技术，很快就成为一名合格的汽车驾驶员，并带领全班成为部队先进集体。

1962年8月15日上午8点多钟，雷锋和助手乔安山驾车从工地回到连队车场，他不顾长途驾车的疲劳又立即去洗车，因突然发生意外事故不幸殉职。

雷锋生前，把自己当成一个"螺丝钉"，干一行、爱一行、钻一行，在平凡的岗位上做出了不平凡的事迹。他"毫不利己、专门利人"，把自己省吃俭用积攒起来的钱寄给受灾人民，送给家庭困难的战友。他谦虚谨慎，从不自满，受到赞誉不骄傲，做了好事也不留姓名。在不到三年的时间里，他荣立二等功一次、三等功两次，被评为节约标兵，荣获"模范共青团员"。1963年3月5日，毛主席向全国人民发出"向雷锋同志学习"的号召。

答案：1.C 2.C

考考你

1. 雷锋什么时候加入中国共产党？
   A. 1961　　B. 1958　　C. 1960
2. 雷锋殉职时年龄多大？
   A. 19岁　　B. 20岁　　C. 22岁

77 当代"保尔"张海迪

学生一定要知道的80位名人

阅读名人

张海迪，1955年出生于山东济南。她在5岁的时候，突然患上了脊髓血管瘤。5年中她做了3次大手术，脊椎板被摘掉6块，最后被高位截肢，胸部以下全部瘫痪。

在残酷的命运挑战面前，张海迪没有沮丧和沉沦，而是以顽强的毅力和恒心与疾病作斗争。张海迪刻苦自学，先后修完了小学、中学和大学的专业课程，并攻读了大学和硕士研究生的课程。同时，张海迪还自学了英语、日语、德语和世界语。

15岁时，张海迪跟随父母下放山东聊城农村。她没有惧怕艰苦的生活，而是以乐观向上的精神奉献自己的青春。在那里她给孩子当教书先生，还克服种种困难学习医学知识，为群众无偿治疗达一万多人次。

1983年张海迪开始从事文学创作，先后翻译了《海边诊所》等数十万字的英语小说，出版了《向天空敞开的窗口》、《生命的追问》、《轮椅上的梦》等书籍。

张海迪身残志坚，总是以革命英雄主义和乐观主义精神对待困难与人生，以顽强的毅力著书立说，被誉为20世纪80年代中国的"保尔"。她是中国青年的骄傲，也是中国残疾人的杰出代表。

考考你

答案：1.C 2.C

1. 张海迪几岁时患上脊髓血管瘤？
   A. 50岁　　　B. 10岁　　　C. 5岁
2. 张海迪为什么被称为中国的"保尔"？
   A. 因为她残疾了　　　B. 因为她写了很多书
   C. 因为她身残志坚，总以乐观的精神面对困难，以顽强的毅力著书立说

78 航天英雄杨利伟

学生一定要知道的80位名人

阅读名人

2003年10月15日5时28分，身着乳白色航天服的杨利伟迈着从容而稳健的步伐，向中国载人航天工程总指挥走去。

这是一次英雄的出征，也是一次伟大的出征，它将永远记载在共和国的航天史册上。

10月15日9时整，随着人们的倒计时，"神舟五号"成功发射升空。全国上下一片欢腾。

然而，在人们欢腾的背后，杨利伟付出的艰辛和汗水是无法计算的。飞船从发射升空到进入轨道，再到返回地球，飞行程序指令上千条，操作动作有一百个。舱内的仪表盘上红蓝指示灯密密麻麻，各种线路纵横交错，各种设施星罗棋布，要熟悉和掌握它们，并能进行各种操作和故障排除，只有靠反复演练。

正因为杨利伟对飞船飞行程序和操作程序非常熟悉，在21小时23分钟的飞天之旅中，他的全部操作才没有出现一次失误。

"神舟五号"飞船绕地球14圈以后，成功返回。这个历史性的创举实现了中华民族自古以来的飞天梦想。杨利伟在太空飞行中的杰出表现，让世界再次对中国及中国的航天英雄刮目相看。

答案：1.B 2.C

考考你

1. 2003年（　）月（　）日，航天英雄杨利伟乘坐"神舟五号"飞船进入太空。
    A. 10　18　　　B. 10　15　　　C. 11　15
2. "神舟五号"飞船绕地球（　）圈以后，成功返回。
    A. 20　　　　　B. 110　　　　C. 14

79 "见义勇为的英雄战士"徐洪刚

阅读名人

1993年8月17日晨，回家探望父母后归队的济南军区某部通讯连班长徐洪刚，乘坐从云南省彝良县始发的客车向四川省筠连县方向行驶。当汽车行至筠连县巡司镇附近时，乘客中的男青年任永林突然站起，向靠窗坐的年轻妇女吴道蓉索要钱财。接着，坐在后排的三位同伙也参与了抢劫。任永林一手卡住吴道蓉的脖子，一手在吴道蓉前胸揉搓、撕扯……另一个歹徒抓住吴道蓉的头猛拉猛撞，试图把吴道蓉推出窗外。

"住手，不许耍横！"挺身而出的徐洪刚冲到歹徒面前喝道。四名歹徒立刻围住徐洪刚，一场正义与邪恶的较量在车厢里展开。徐洪刚胸、腹、肩、背、腿受伤14处。胸部中7刀，靠近心脏部位的刀伤深4厘米、长8厘米，肠子流出体外50多厘米。徐洪刚没有倒下，他倚窗继续与歹徒搏斗。歹徒们见状，夺窗而逃。徐洪刚用衣服托着肠子向歹徒追去，10米、20米、50米……失血太多的徐洪刚倒在公路上。

正好此时，筠连县税务局副局长詹本方等人执行公务途经这里，救起了徐洪刚。身负重伤的徐洪刚用微弱的声音坚定地说："不要管我，快追歹徒！"

在党政军民的关怀下，经巡司镇、筠连县、宜宾地区、四川省上百名医护人员近四十天的抢救、治疗、护理，面临死亡的徐洪刚奇迹般地康复了。济南军区授予他"见义勇为的英雄战士"荣誉称号。

答案：A

考考你

1. 1993年8月17日，回家探望父母后归队的（ ）见义勇为，救了一位受侮辱的妇女。

   A. 徐洪刚　　B. 李向群　　C. 王仁和

 "少年英雄" 赖宁

阅读名人

赖宁,四川石棉县人,是新时代的英雄少年。赖宁胸怀大志,品学兼优,从上小学开始,就年年被评为"三好学生"和"优秀少先队员"。小学毕业后,他以全县第一名的成绩考入重点中学——石棉县一中。

赖宁不仅学习用功,而且有勇于探索的进取精神。他坚持几年为家乡探险寻宝,利用节假日采集矿石标本,进行无线电实验。

1988年3月13日下午3点左右,因发生八级大风,县城附近一家工厂的电线杆被吹倒,造成电线短路,引起了海子山大火。为了扑灭山火,挽救山村,保护电视地面卫星接收站的安全,赖宁主动加入了扑火队伍。他找到一根松枝奋不顾身地冲向前奋力扑火。虽然消防队员曾劝阻大家别往火中硬闯,并带领同学们撤离,但赖宁不忍心看到国家财产遭到严重损失,就又偷偷跑回去扑火。最后大火终于扑灭了,但年仅14岁的赖宁却牺牲了。

1988年5月,共青团中央、国家教委做出决定,授予赖宁"英雄少年"的光荣称号,号召全国各族少年向赖宁学习。

答案:1.B 2.C

考考你

1. 赖宁牺牲是为了救哪儿的大火?
   A. 大别山的大火　　　　B. 海子山的大火
   C. 太行山的大火
2. 赖宁为什么不顾消防队员的劝阻偷偷去救火?
   A. 他想当英雄　　　　　B. 火小了,没有不安全
   C. 他不忍心看到国家财产遭到严重损失

智慧少年